フラワーデモを記録する

フラワーデモ編

etc.books

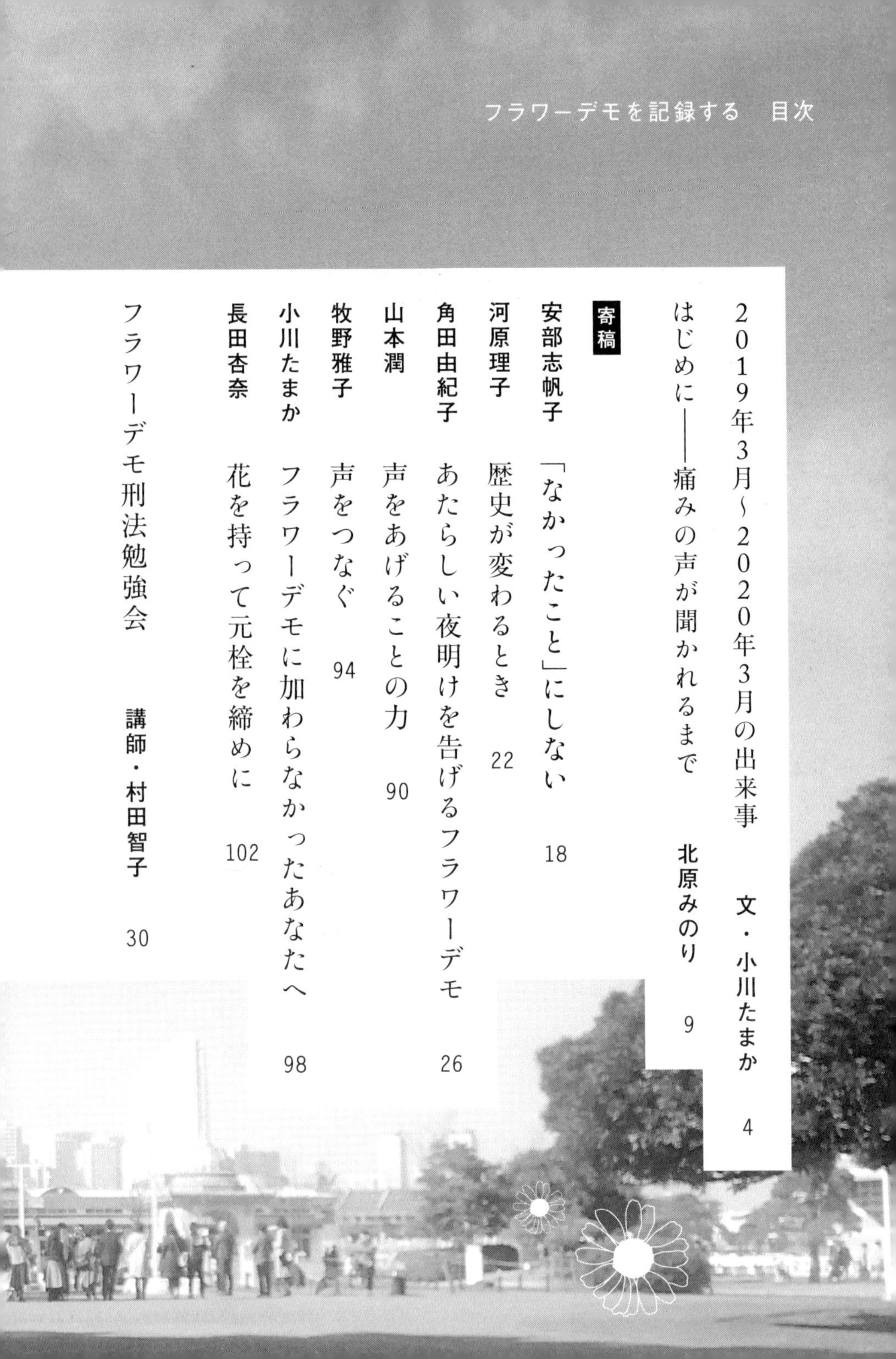

フラワーデモを記録する　目次

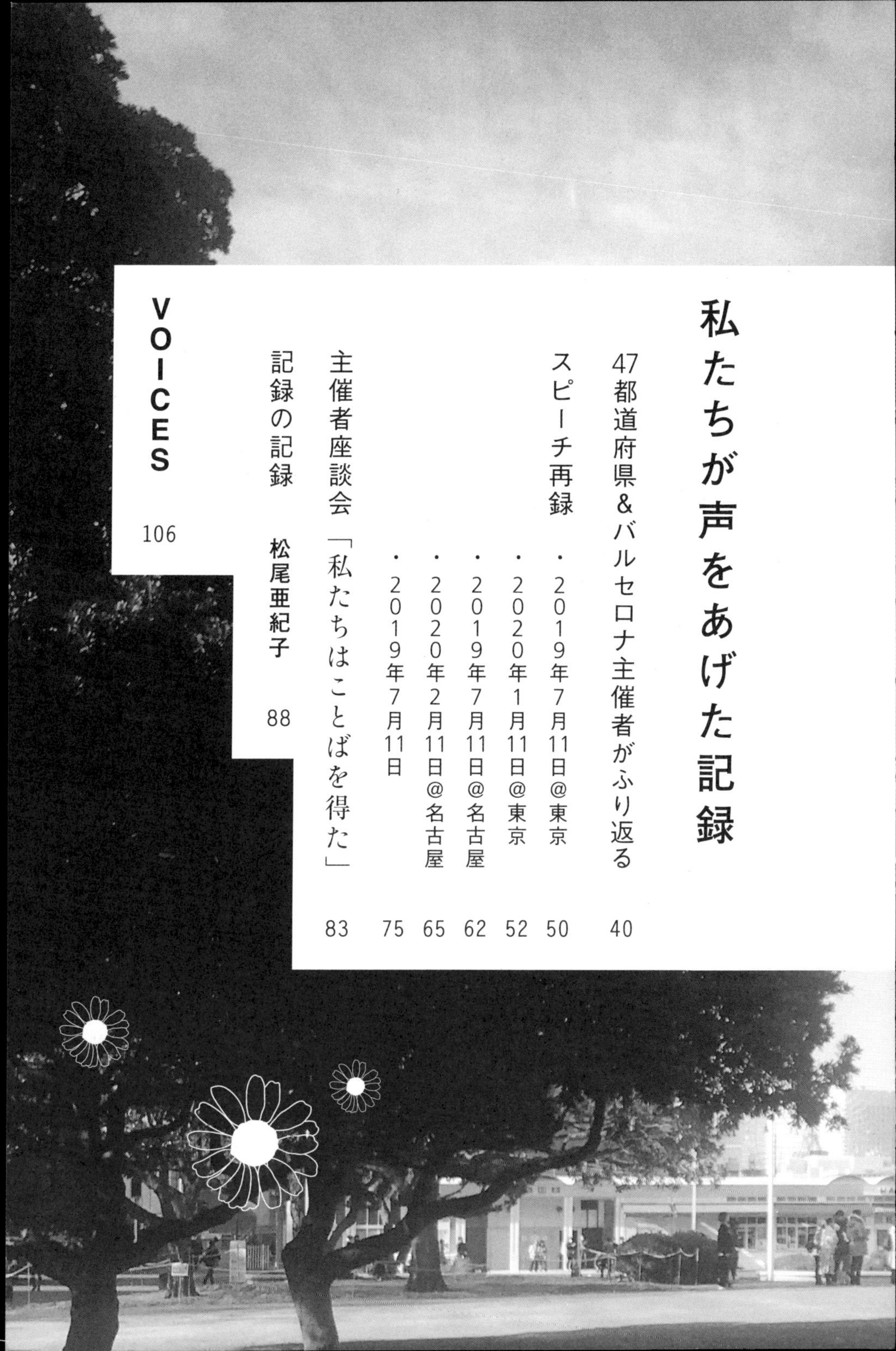

私たちが声をあげた記録

2019年3月～2020年3月の出来事

文　小川たまか

２０１９年

3月12日

福岡地裁久留米支部で準強姦事件の無罪判決。社会人サークルが開いた飲み会で、泥酔状態で目をつぶっていた20代女性に対して40代男性が性交に及んだ事件（２０１７年2月※刑法改正前）。西崎健児裁判長。

↓同日に毎日新聞（安部志帆子記者）が報道。3月26日に検察側が控訴。

3月19日

静岡地裁浜松支部で強制性交等致傷事件の無罪判決。コンビニ帰りだった女性に声をかけた外国人男性が女性を人気のない場所につれこみ、口腔性交させた事件（２０１８年9月※刑法改正後）。山田直之裁判長。

↓3月20日に各社が報道。検察は控訴せず、無罪が確定。

3月26日

名古屋地裁岡崎支部で準強制性交等事件の無罪判決。19歳の娘に対して実父が長年にわたり性的虐待を行なっていた事件（立件されたのは２０１７年8月と9月の強制性交※刑法改正後）。鵜飼祐充裁判長。

↓4月4日に共同通信が報じ、5日から各社が続く。4月8日に検察側が控訴。

3月26日

住友商事社員（当時）だった三好琢也容疑者がＯＢ訪問予定だった女子大学生に大量の飲酒をさせ、宿泊先ホテルに送った後で性的暴行を行なったとした準強制わいせつと準強制性交等罪で逮捕。その後、起訴。ＯＢと就活生という関係性を利用した「就活セクハラ」が問題化する。

3月28日

静岡地裁で、強姦事件の無罪判決。12歳の娘に対し実父が性的虐待を行なった疑いのある事件（２０１７年6月※刑法改正前）。4件の無罪判決のうち、この事件のみ性的行為の事実自体が認められなかった。伊東顕裁判長。

↓同日に各社が報道。4月10日までに検察側が控訴。

4月11日＊
初めてのフラワーデモが東京、大阪で開かれる。

4月12日
東京大学学部入学式で上野千鶴子名誉教授が祝辞。同大学生5人による強制わいせつ事件に触れ、「大学に入る時点ですでに隠れた性差別が始まっています」「（東大の）女性学部長・研究科長は15人のうち1人、歴代総長には女性はいません」など、性差別を指摘する内容が大きな話題に。

4月15日
永田町の議員会館で、様々な職域で働く人たちが、自らのセクハラ被害について語る院内集会が行われる。2018年、当時の財務事務次官から女性記者へセクハラ行為があったことをきっかけに開かれたもの。日本マスコミ文化情報労組会議が主催。

4月16日
東京新聞で見開き記事。見出しは「レイプ裁判　なぜ無罪？」「『抗拒不能』厳しすぎる要件」。

4月17日
朝日新聞社会面トップに河原理子記者による記事が掲載。デジタル版の見出しは「娘と性交、無罪判決の衝撃　『著しく抵抗困難』の壁」。

5月11日＊
2回目のフラワーデモ。3都市（東京・大阪・福岡）で開催。

5月13日
性犯罪刑法の改正を求める被害当事者団体一般社団法人Springが法務省と最高裁に、刑法やその運用の見直しなどを求める要望書を提出。山下貴司法務大臣（当時）と面談。

写真：小川たまか

5月16日
NHKの「クローズアップ現代＋」が〝魂の殺人〟性暴力・無罪判決の波紋」を放送。刑法改正を求める側として、一般社団法人Springの山本潤さん、改正に反対する立場として2017年の改正時に「性犯罪の罰則に関する検討会」委員を務めた宮田桂子弁護士が出演。

6月3日
#KuToo、厚生労働省へ1万8856人分の署名提出。企業によるパンプスの着用強制を禁じるよう国に求める。

6月11日＊
3回目のフラワーデモ。11都市で開催。

6月20日
上智大学でシンポジウム「セクハラ・性暴力のないキャンパスへ　学生からの提言」が開かれる。上智、ICU、東京、早稲田、慶應、創価、一橋の学生が登壇し、「性的同意」や就活セクハラについて意見を交わす。

6月21日
性暴力について大学側の対策を求めるシンポジウムが慶應義塾大学で開催される。慶應大生が性的暴行で逮捕された事件などが相次いだため。学生や卒業生が対象の署名活動も。

6月24日
一般社団法人Spring、認定NPO法人ヒューマンライツ・ナウ、一般社団法人Voice Up Japanの三団体が法務省へ、性犯罪刑法の改正を求める約4万5000人分の署名を提出。その後、東京で緊急フラワーデモを開催。

7月8日
ジャーナリストの伊藤詩織さんが、元TBS記者・山口敬之さんからの性的暴行について1100万円の損害賠償を求めた民事訴訟第1回口頭弁論が東京地裁で開かれる。

7月11日＊
4回目のフラワーデモ。15都市で開催。

7月30日
NHKの「クローズアップ現代＋」が「〝顔見知り〟からの性暴力～被害者の苦しみ知ってますか？～」を放送。被害を相談した女性に対して、警察官が「本人（被害者）に責任がある」「犯罪を構成するかといったら構成しません」などと発言した録音が放送される。

8月4日～9日
朝日新聞でフラワーデモを特集する集中連載「性暴力　語り始めた被害者《ひと》たち」が組まれる。

8月11日＊
5回目のフラワーデモ。19都道府県／20都市で開催。初開催の那覇では200人が参加。

8月13日
4件の性犯罪無罪判決から見えた問題点を指摘する『なぜ、それが無罪なのか!?　性被害を軽視する日本の司法』（伊藤和子／ディスカヴァー携書）発売。

9月11日＊
6回目のフラワーデモ。18都道府県／18都市で開催（4都市が台風の影響で中止）。

10月11日＊
7回目のフラワーデモ。16都道府県／17都市＋スペイン・バルセロナで開催（6都市が台風の影響で中止）。全国で400人が参加。

10月15日
慶應義塾大学アメフト部が「不適切な行為」があったとして無期限の活動自粛を発表。複数の学生が合宿中に女子マネージャーを盗撮していたと報道される。

11月8日
上智大学でシンポジウム「性暴力をなくすために男性ができること：男性の立場と心理を日米の心理学研究・臨床現場から考える」が開かれる。

11月10日
性犯罪の刑法改正を求める「One voiceフェス！」を都内で開催。一般社団法人Spring主催。フラワーデモ呼びかけ人の北原みのりさんと同団体代表の山本潤さんが対談。

11月11日＊
8回目のフラワーデモ。22都道府県／26都市＋バルセロナで開催。

12月2日
強制性交等罪に問われた新井浩文被告に懲役5年の実刑判決が言い渡される。東京地裁、滝岡俊文裁判長。即日控訴。

12月2日
霞ヶ関の厚労省記者クラブで「就活セクハラ」の被害を訴える記者会見が開かれ、Voice Up Japanのメンバーらが参加。

12月3日
石川優実さんが、厚生労働省に要望書提出。ヒールのある靴を女性のみに命じることはハラスメントにあたると厚労省のパワハラ防止指針案に明記するよう求める。この前日には「#KuToo」がユーキャン新語・流行語大賞トップ10入りしたことも発表されていた。

12月10日～24日
内閣府初となる性暴力の相談SNSが期間限定で設けられる。対象は女子中高大学生ら10～20代の女性など。

12月11日＊
9回目のフラワーデモ。29都道府県／32都市＋バルセロナで開催。

12月17日
世界経済フォーラムによる「グローバル・ジェンダー・ギャップ指数」２０１９年版が発表され日本は１５３カ国中１２１位に後退。過去最低に。

12月18日
伊藤詩織さんが起こした民事訴訟で勝訴判決。東京地裁の鈴木昭洋裁判長は山口敬之さんに３３０万円の支払いを命じた。当日と翌日に両者が記者会見し、国内外の多くのメディアが報じた。その後山口さんは控訴。

写真：小川たまか

12月19日
一般社団法人Springが、「性暴力の実態に即した刑法（性犯罪）改正の見直し実現に向けた要望書」を森雅子法務大臣に提出。再改正に向けた見直し検討会および審議会を早急に実施することなどを求める。

12月23日
女性活躍・ハラスメント規制法（パワハラ防止法）の指針を厚生労働省が決定。就活セクハラへの対策義務や、過度な服装規定の禁止については見送られたことに批判の声が上がる。

12月27日
フォトジャーナリストの広河隆一さんが複数の女性に性暴力を行なっていた問題について、検証委員会が最終報告書を公開。長期間にわたり多数のセクハラやパワハラがあったことを認定した。

2020年

1月8日
広河隆一さんからの性暴力について、被害女性の1人が株式会社デイズジャパンに損害賠償請求を行ったことが報道される。

1月11日
政治家によるジェンダー差別発言2019年版が発表。ワースト1位は麻生太郎財務相の「子どもを産まなかったほうが問題」。麻生氏のワースト1位は2年連続。

1月11日＊
10回目のフラワーデモ。35都道府県／38都市＋バルセロナで開催。東京では600人が参加。

1月17日
受験での女子や浪人生差別について聖マリアンナ医科大学が第三者委員会の調査報告書を公表。2018年度には女子が最大で80点減点されていたことが明らかになったが、聖マリは差別を認めず。差別を認めた他の私立大8校は私学助成金が不交付・減額となる中、聖マリには21億円超えの助成金が交付される。

1月18日
慶應義塾大学の元塾長室秘書担当課長・石原一章容疑者が東京都迷惑防止条例違反と建造物侵入容疑で逮捕される。学内のトイレに小型カメラを設置し盗撮を行った疑い。パソコンなどから1000件以上の動画が見つかる。1月21日に同大は「学生・教職員のための相談窓口を、早急に設置するべく準備を進めて」いることを発表。2月4日付で同容疑者を懲戒解雇処分。

1月28日
2019年6月に、大阪メトロ御堂筋線で強制性交等事件があったことが報道される。逮捕された長谷川仁容疑者は電車内で10代女性の体を触り、その後ホーム上で性的暴行を行ったとされている。

1月30日
2018年9月に強制性交容疑で逮捕された東大の男子学生、稲井大輝被告に執行猶予付き判決。東京地裁、丹羽敏彦裁判長。ミスター東大コンテストに出場経験があり、YouTuberとしても活動していた。

2月5日
福岡地裁久留米支部で無罪となった準強姦事件について、福岡高裁で逆転有罪判決。鬼沢友直裁判長は「被告は女性が抵抗できない状態だったと認識していた」として、懲役4年の実刑判決を言い渡した。11日付で上告。

2月11日＊
11回目のフラワーデモ。40都道府県／44都市＋バルセロナで開催。全国で1700人が参加。

3月8日＊
国際女性デーに合わせて**12回目のフラワーデモ**。新型コロナウイルス感染拡大の影響のため中止の都市もあったものの、初めて全国47都道府県で開催予告があった。

3月11日
2019年7月に福岡地裁で無罪判決が出ていた監護者性交等事件について、福岡高裁は一審を破棄し地裁に差し戻した。鬼沢友直裁判長は、「供述を適切に評価する審理が不足していた」と判断。被告側は即日上告。

3月12日
連続集団強姦事件を起こした、ナンパ塾「リアルナンパアカデミー」の主犯・渡部泰介に懲役13年の判決。東京地裁・家令和典裁判長。被害者の画像が保管されたパソコンなどの没収も認められた。このような没収が認められるのは異例。

3月12日
2019年3月に名古屋地裁岡崎支部で無罪判決となった、実父から娘への準強制性交事件について名古屋高裁は逆転の有罪判決。懲役10年。堀内満裁判長は、一審判決について「性的虐待の実態を十分に評価していない」などと述べた。

はじめに——痛みの声が聞かれるまで

北原みのり

2019年4月11日、夜の東京駅前行幸通り。鉛のように重たく閉じていた目の前の扉が、ゆっくりと開いていく音を聞いたように思った。東京の夜空のもと、初めて出あった人たちの前で、女性たちが、マイクを手にして過去の痛みの経験を次々に語りはじめたのだ。あの晩、日本の#MeTooが大きく動いたのだと思う。

きっかけは同年3月12日に出された毎日新聞の速報だった。

何杯もテキーラを飲まされ酩酊した女性への準強姦罪（当時）が問われた事件で、裁判官は同意がなかったこと、また女性の抗拒不能状態を認めながらも、男性の故意を認められないとして無罪判決を出した。

その後、性暴力事件の無罪判決が間をおかず報道されはじめた。3月19日に静岡地裁では深夜、男性に声をかけられた女性が暴行をされ、同意がなかったことは認められたが男性に故意がなかったとして無罪。3月28日静岡地裁で、12歳の娘への性虐待事件で、同室の家族が気がつかなかったのは不自然として父親が無罪。この男は児童ポルノ所持で罰金刑10万円を受けた。3月26日、名古屋地裁で出された無罪判決は衝撃だった。娘への性虐待加害をした父親に対し、同意がないことを認めながらも、娘が日常生活を送っていたことを理由に「抗拒不能とはいえない」と無罪を出したのだ。

当然、司法が下したこれらの判決には抗議の声が高まった。「裁判官にジェンダー教育を」というキャンペーンをたちあげた人もいた。しかしその一方で、「無罪判決を批判するのは危険だ」「#MeTooもいいけど人権も考えてほしい」といった法律の専門家たちによる「たしなめ」の声も徐々に大きくなっていった。

おかしいと感じることにおかしいと声をあげる。私たちの声は、それほど大それたものなのだろうか。いったい幾度、同じ目にあえばいいのだろう。

痴漢は性暴力だと声をあげれば「えん罪」をどう考えるのか？　と問われ。

ＡＶは性差別だと声をあげれば「表現の自由」をどう考えるのか？　と問われ。

世の中を変えたいならまずは冷静になれ、そんな言い方じゃ伝わらない、とたしなめられる。

自分が感じる痛みを声にするだけのことに、私たちはなぜこんなに用心深く、脇をしっかり締め、間違いが絶対にないように、相手の顔色を窺いながら、ひそひそと語らねばならない気分にさせられているのだろう。

限界だった。もう黙らなくていい、おかしいことはおかしいと言っていい、声のトーンを問われ、怒る声をばかにされる空気を変えたい。そんなことをエトセトラブックスの松尾亜紀子さんと話し、ツイッターのアカウントをつくりＳＮＳに呼びかけたのが４月４日だ。その時のアカウントはitisrape_japanだった。これはレイプだ、同意がなければレイプなのだ。その声を高らかに東京の空に向かって私たちは確認したかったのだ。

冷たい春の夜だった。行幸通りに予定の30分ほど前に行くとすでに、花を持った女性が一人いた。声をかけると「岡山県からこのために来ました。いてもたってもいられなかった」と目に涙を浮かべながら話してくれた。そんな風に最初はぽつぽつと、互いに確かめあうように人が集まりはじめ、スピーチをする間に勢いよく人の輪は膨らみ続け、いつの間にか５００人を下らない大きく太い円になっていた。驚いたのは予定していた８人のスピーチが終わり１時間経っても、その場を立とうとする人がほとんどおらず、誰からともなく「私も話したい」と手をあげはじめたことだった。

あの日、幼い頃から性暴力を受け続けてきた女性がいた。成人してから記憶が蘇り、そのトラウマのため就学や就職もままならず、ようやく手にしたアルバイト先で今セクハラにあっている、と。「なぜ被害者が転々としなければいけないのか」と訴える声に花をもつ人の輪が静かに揺れるように泣いた。語らなければいけない痛みの記憶、語らなければなかったことにされるあの日のこと、あの晩語られたすべては、あなたの話でありながら、それはすべて私の話のように胸に落ちてきた。声が次の声を呼ぶように、私たちは止まらなくなっていた。

「日本で#MeTooは始まらないと言われてたけど、もう始まってますよね⁉」

手足の先の感覚がなくなるような寒さのなか、松尾さんが震える声でみんなに呼びかけた。動員をかけたわけではない、フラワーデモという名前もまだない、次の予定も決まっていない、なにより明確な目的があったわけじゃない。ただいてもたってもいられない者たちが集まり語り出すことによって、「もう黙るのをやめたい。変えたい」と見ず知らずの者たちが手を握り合う場をつくったのだ。

花を持って、行幸通りに集まろうと決めたのには理由がある。

私はここ数年、韓国のフェミニズム、特に性暴力問題に関わる人々の取材を続けてきた。韓国の#MeToo運動には必ず#WithYouのプラカードが共にあった。その背景には四半世紀以上にわたる「慰安婦」の女性たち、その支援者たちの運動がある。

「私は『慰安婦』にさせられた」と韓国の金学順さんが声をあげたのは1991年8月だが、金学順さんの声は突然、自然に出てきたのではない。その一年前に「慰安婦」問題に取り組み、「(被害者女性の)声をきかせてほしい」と立ち上がった女性たちがいたからこそ語られたことであった。あなたの声を信じる意思(#WithYou)があってこそ、被害の声(#MeToo)は安全に語ることができる。そしていったん#MeTooの声があがれば、それは止めることができないのだ。

同じように、私たちも#WithYouを表明する必要があった。「無罪」判決に怯える女性たちと共にあることを表明し、声をあげるのは怖くないのだと、私たち自身が信じる必要があった。花は#WithYouの象徴だ。

行幸通りという、東京駅から皇居に向けてずどんと貫

かれた幅30メートルはある広場を選んだのも、韓国のキャンドル革命に影響を受けてのことだ。韓国の#MeTooの盛り上がりは韓国の民主主義革命を先導するようにはじまっていた。死者の声を聞く、聞かれなかった声を聞く。キャンドルを持ち、痛みの過去とつながり希望の未来をひらいていくキャンドル革命の根底には、フェミニズムの思想があった。

キャンドル革命は毎週土曜の夜、たとえ零下の冬でも光化門前の広場で続けられた。高いビルが立ち並んでいるのに開放感があり、周囲には美味しい食べ物屋が並び、そして数十万人が集まっても大丈夫な場所。行幸通りは光化門前ととても似ていたのだ。裁判所の前でのデモも考えたが、そうなると訴える相手が限定されてしまう。そうではなく、私たちはもう、この社会を変えたい。声によって変えたい。空気を変えたい。だから、高い空と広い場所が必要だった。

4月のデモを終えた後、思わぬことが次々におきた。なかでも「福岡でもやりたい」と黒瀬まり子さんが連絡をしてきてくれたことは、その後のフラワーデモの方針を大きく決めただろう。福岡で声があがったことで、これが大都市の一極集中で行うデモではなく、日本全国どこでも私たちの暮らす場で声をあげる運動としての性格が早い段階から形成されていった。なかには「一人でもいいから自分の住んでいる駅で立ちたい」と声をあげた女性もいた。その声に改めて突きつけられるのは、性暴力は、私たちの日常、生活圏で起きる暴力であることだ。だからこそ、私たちは自分たちの生活する場で立ちたいと願うのだ。そのような切実な声が、最終的に47都道府県までフラワーデモが広がった理由なのだと思う。

この一年、私は、東京、大阪、福岡、名古屋、京都、群馬、静岡、長崎、沖縄、横浜、埼玉、新潟のフラワーデモに参加してきた。不思議なことに、どの地域の人も決まって同じことを言った。「この県は本当に酷いです」女性が諦めることによって、口を閉ざすことによって、この国の性差別は放置され、再生産され続けてきた歴史がある。強烈な性差別文化に「ここが底のはず……」と喘ぐように生きている女性があまりにも多い。ある都市では高校生が「男の人が怖い」と泣いた。幼い頃から砂場で遊んでいれば性器を見せてくる成人男性がいた。鉄棒を練習していれば通りすがりにパンツの中に手をいれてくる成人男性がいた。大人になれば常に値踏みされる視線にさらされ続ける。もう限界なのだと彼女は静かに抗議した。ある都市では「都会では家出した女の子が性産業に巻き込まれることが問題になっているが、ここでは実家から性産業に通う女性が多いです」と話してくれた人がいた。娘が性産業で働くことをあてにした貧困家庭が少なくないというのだ。

日本中、どこにいっても、そのような話はいくらでも、本当にいくらでも溢れるように出てきた。

フラワーデモの目的は何だとよく訊かれてきた。わかりやすい目的を一つだけには絞れない。性犯罪刑法の改正は求めたい。同意年齢を引き上げること、暴行・脅迫要件の撤廃をし、公訴時効をなくし、同意のない性交は罪に問われるべきだ。それでも法律だけが変わるだけでは不十分なのだと突きつけられる一年だった。私たちは根底から変えたいのだ。この女性嫌悪に溢れた社会を変えたいのだ。フラワーデモを重ねる度に、その思いは強まっていった。

「被害者が話しはじめた」と、フラワーデモは報じられることが多かった。確かにその通りなのだが、回を重ねるごとに気づきを得ることも多かった。

あるフラワーデモでこんな話をした男性がいた。幼い頃に成人男性から被害にあい、友人に話をしたが、「女みたい」「気持ちよかったか」とからかわれただけだった。今も性的なことに恐怖感があり、特に妊婦をみると嫌悪がわく、そういう自分が怖い。そんな話だった。

性暴力被害者の多くは女性と子どもで、男児の被害も相当にある。女児が性被害を受けると「おまえにもすきがあった」と責められる一方で、男児が性被害を受けると「気持ちよかったか」と嘲笑されることは珍しくない。男性の被害は被害と理解されにくいことも含めて、言葉にすることが難しいのだ。

彼は40代半ばくらいだったろうか。長いトラウマのため精神障害をわずらい生きづらさを全身で表現しながら、とつとつと語った。印象的だったのは彼が話し終わった後だ。目の前の人々が彼の方をじっとみて花を握り話を聞いている姿をみて、彼ははじかれたように目をみひらき、驚いた口調でこう言ったのだ。

「こんな風に僕の話を真剣に聞いてもらったのは、初めてです……」

被害者が語り出したのではない。彼の話を聞いてそう思った。これまでも被害者は様々な方法で伝えようとしてきたのだ。それぞれの人生、それぞれの場で、一人でもがきながら声をあげようとしてきた、誰にも信じてもらえなかった、聞いてもらえなかった。証拠もなく、目撃者もいなく、今さら語っても何にもならない。そのように被害者は次第に声を出すことを諦めていったのかもしれない。だからこれは「勇気をもつ被害者が声をあげはじめた」運動ではなく、性暴力被害者の声を聞く力を私たちが問われる場なのだと、彼の大きく見開いた驚きの目に私は教わった。

この一年で、強い連帯をつくってきた。特に長いあいだ女性運動に関わってきた女性たちとの出あいは貴重なものだった。性暴力に抗議する運動は決して新しいものではない。むしろ女性運動の根幹ともいえる長い歴史の上にある。フラワーデモはそのように、上の世代の女性たちと若い世代がつながる場にもなっていった。

今年2月にはじまった新潟のフラワーデモは、まさにそのようなことを実感させる場だった。新潟は、1990年代初頭から性暴力問題に取り組んできた女性たちが立ち上がった。新潟駅前で昼間に行われたフラワーデモで一人の女性が、1990年に9歳の女の子が拉致され約10年間監禁された事件の加害者が、数年前、別の県で亡くなったと話してくれた。忘れ去られようとしている過去の事件とずっと共に歩き続けてきた運動の厚みを感じた。

そのことを私は、同じ日の夜に行われた東京のフラワーデモで語った。新潟のそのような長い運動があるから、私たちのフラワーデモがあるのだ、という話をした。するとその後、私に個人的に連絡をしてきてくれた女性がいた。彼女は私にこう伝えてくれた。

「私は（拉致された）〇〇ちゃんと同じ地域に暮らしていました。通学路にはずっと、〇〇ちゃんを探すポスターがありました。私たちは毎日、彼女の顔をみて学校に通っていました。だから、今日話してくれてありがとう。区切りがついた気がします」

あなたは私だったかもしれない。それは私に起きた事件だったかもしれない。だからこそ私たちは一緒に痛み、一緒に泣くのだと思う。世代を超えてつながり、時代を超えて記憶は蘇り、地域を越えて横に結ばれていくのだ。

2020年3月12日、名古屋地裁岡崎支部で無罪とされた父から娘への性暴力事件に、高裁で有罪判決が出された。一審で無罪が導きだされた「事実」の全てが、二審では有罪の証であるとされるという、被害者の視点から性暴力を捉えた判決だった。例えば一審では、性暴力を受けながらも日常生活を共に送っていた事実をもって「被害者は精神的抗拒不能になかった」としたが、二審では、「何事もなかったように日常を過ごす、それが性暴力被害者の日常なのだ」と語られた。激しい暴行をせず抵抗しようと思えばできたという一審の判決を、長年の支配の末、暴力を振るうまでもなく支配できる状態にあったと考えるのが合理的、と判断した。

この日は、毎日新聞の安部志帆子記者が福岡地裁久留米支部の無罪判決を報じてちょうど一年目だった。偶然ではあるけれど、この一年で性暴力への認識が変わってきているのを実感する。2月には福岡地裁久留米支部での判決も破棄され、懲役4年の実刑判決が下された。一年前にこれらの判決が出されなかったことの重みを突きつけられながらも、それでもこの一年で私たちから見える景色が変わってきたのは事実だ。多くの声によって、その声を聞く力によって、そしてその声を届ける記者たちの真摯さによって、私たちは社会の空気を変えてきた。過去を語ることによって、未来を変えたいという切実さが希望を生み、社会を変えたいという祈りが、諦めない強い声になったのだ。

フラワーデモは、静かなデモだ。女性が女性を信じ、助ける場所だ。社会に求める空気を自らつくりだし、痛みの声が聞かれる場、その力を私たちはたくさんの涙を流しながら、ようやく手にしたのだと思う。

これはフラワーデモ一年の記録、私たちの声の記録です。

「なかったこと」にしない

安部志帆子（毎日新聞久留米支局記者）

2019年3月、福岡地裁久留米支部で準強姦（刑法改正で準強制性交等）事件の判決公判を取材した。なぜこれが無罪になるのだろう。そんな疑問を抱きながらあわてて書いた短い記事が、後に「フラワーデモ」と呼ばれる社会現象のきっかけのひとつになるとは思いもしなかった。

地方支局で勤務する私の担務は、警察・司法、スポーツ、行政。担当する福岡地裁久留米支部では民事も刑事も毎日多くの裁判がある。

3月12日午前10時開始の準強姦事件の判決公判は他の公判に比べて、予定時間が長めに取ってあった。被告は無罪主張。記者1年目、先輩から言われた言葉が浮かんだ。「10分以上ある判決公判は、無罪や何かしらニュースになる可能性があるから要警戒」。有罪率の高い日本では無罪はそれだけでニュースになる。上司に「無罪だったら電話します」と伝え、傍聴に向かった。

「被告人は無罪」

裁判長がそう告げると被告の男性は嗚咽をもらし、涙を流した。傍聴席になじみの他社の記者の姿は見当たらない。少し心拍数が上がった。判決理由を読み上げた後、裁判長は被告を見つめ、「判決は無罪だが、被害者の女性を傷つけたことは間違いない。行動を改めてください」と説諭した。

同意のない性行為は認められた。裁判長も被害女性が傷ついていると認めた。それなのに、なぜ無罪なのか。無数の疑問が頭に浮かんだまま、上司に電話で報告した。しばらくして夕刊に載せるからすぐに支局に戻って記事を書くように指示を受けた。

その後のことは周知の通り。「準強姦無罪判決　地裁久留米」。約400字の速報記事はツイッターなどで拡散され、短い記事では書き込めなかった事件の背景や無罪の理由に関する疑問が相次いで書き込まれた。中には、司法が専門ではない支局の若手記者が書いた記事だけでは信用できない、というものもあった。自分の記事が「なぜ」に答えられていないことも含め、悔しかった。

多くの人の疑問に答えようとさらに取材を重ねて深掘りした続報記事を公開したのと時を同じくして、他の地裁でも性犯罪の無罪判決が相次いで出た。スマートフォンの画面を通じて、何か大きなエネルギーが動き始めているのを感じた。

4月11日。相次ぐ無罪判決に抗議する集会が東京であったことをツイッターの投稿動画で知った。マイクを握り、自身の被害体験を明かしながら「おかしい」と声を上げる参加者。全身の毛が逆立つような感覚に襲われた。おそらくここに足を運んだ人のほぼ全員が私の書いた記事を読んでいる。大げさだが、自分の記事が他者の行動に影響を与えているのが初めて可視化され、感動するとともに、その影響力の大きさに恐怖を覚えた。それでも静かに覚悟した。「この社会の動きから目をそらしてはいけない」と。

私はそもそも性暴力や性犯罪に強い問題意識を持っていた記者ではない。女性ならではの視点を生かした「女性記者」になりたかったわけでもない。

だが働き出すと、取材先の年配男性には「早く仕事やめて地元に帰ってあげないと親御さんがかわいそう」と言われ、別の取材先からは必要のない食事に執拗に誘われた。自分が思っていた日本の姿と違うと気づき始めた時、財務省事務次官によるセクハラ問題が報じられた。今まで女性であると意識せず生きてこられたのが道を切り開いてきた先輩たちのおかげならば、今ある問題を後輩たちに残してはいけない。そう考えるようになった。

記者になり、性犯罪の多さにも驚いた。警察が強制性交等事件などの逮捕を発表しても全てが記事になるわけではない。記事にしない理由を、上司にかつて尋ねたところ、「被害者がかわいそうだから」との答えが返ってきた。しかし、記事にならないとその事件は「なかったこと」になる。釈然としない思いを感じた。

性犯罪事件を巡っては、新聞は一般的に被害者の名誉を守るためとする配慮を取っている。被害者の氏名の匿名化はもちろん、詳細な被害内容は書かない。殺人事件で性的被害に触れないこともある。遺族の心情を思うと必要な配慮だと思う一方、必死に性暴力に抵抗した結果、命を奪われたという事実が見えなくなる。強制性交等殺人や強制わいせつ殺人は、警察や法務省の統計で「殺人」にカウントされ、その実数がわからないからなおさらだ。

フラワーデモは、これまで意図的か配慮の結果か、社会が見ていなかった、見えにくかった性暴力の実態を可視化した。5月に始まった福岡市のデモは、呼びかけ人の40代の臨床心理士らを、1989年の全国初セクハラ裁判で原告を支援した70代の男女が支えた。時代を超えた連帯に問題はいま始まったわけではないと実感する。

2020年2月5日。福岡地裁久留米支部の準強姦事件の控訴審判決で、福岡高裁は被告の男性に逆転有罪判決（懲役4年）を言い渡した。被告は後日、最高裁に上告した。

「無知な若手記者」と言われた意地もあり、この1年、性暴力問題を取材し、2017年刑法改正の議事録も読み込んだ。今思うのは、「無知な若手記者」だったからこそ抱いた素朴な疑問が記事につながったのかもしれないということだ。

性暴力をめぐり社会が抱える問題を、取材すればするほど、その幅広さ、深刻さに、大変な分野に足を踏み入れてしまったと身震いする。でも、初めてフラワーデモを見た日に決めた覚悟を忘れず、今後も取材を続けたい。あの日、毎日新聞が全国配信記事にしたからこそ、久留米支部の無罪判決は、多くの人の知るところになり、「なかったこと」にならなかった。これからも、社会が、私たちが、見ようとしてこなかったものにきちんと向き合って可視化し、「なかったこと」には決してしない。

歴史が変わるとき

河原理子（ジャーナリスト）

そこでは少し前まで、ウエディングドレスとタキシード姿のカップルが、東京駅を背景に記念撮影をしていた。そんなオシャレな場所にやがて、「裁判官に人権教育と性教育を！」などのプラカードや花を手にした人たちが、集まり始めた。女性が圧倒的に多かったけれど、男性たちもいた。思い詰めたような、真剣な、泣きそうな目をした人たちがいた。

事前に北原みのりさんに話を聞いたとき、一連の無罪判決について「意味がわからないし怖い。これでは被害者が声をあげられなくなってしまう」と危機感を募らせていた。その言葉と、いても立ってもいられなくて来た人たちの真剣な眼差しは、忘れられない。

二〇一九年四月十一日木曜日。それはまだ「フラワーデモ」という名前のなかった、スタンディングデモだった。暗闇が深くなるにつれて、どんどん人が増えた。あの日撮った写真を見返すと、開始三十分ほどで、混んできたため前列の人たちはしゃがんでいる。そして、しゃがみこんだ一群の周りにさらに何重もの人垣ができて、一時間ほどで、見たこともないほどの人数になっていた。記者の習性で数えた。当日のメモによると、七人目が話しているときで三百人ほど。十三人目のときに、六百人くらいを私は数えた。ただ、暗闇に人影がに

じんで、よくわからなかった。英語メディアの取材者が「日本で#MeToo運動は盛り上がらないと言われていたけれど、違った！」と興奮して話していた。東京駅がキラキラ光る。無罪判決の理由に、コンビニのエロ本に、痴漢に、怒る話し手に、「そうだ！」と声が飛ぶ。自分の被害を語る人たちもマイクをとった。

「もうひとりじゃない」

「みんなでがんばって、この国を変えていきましょう」

「セックスとレイプの区別がついてないなんて、おかしい。セックスって本当は幸せなものじゃないか」

これは本当に日本の光景なのだろうか……。

歴史の変わり目に、いま私は立っているのではないか。そんなことすら思った。

この夜のデモの様子から書き出した私の記事は、週明けの十五日に、まず朝日新聞デジタルで配信された。〈性暴力をめぐる司法判断に疑問の声が広がっている……〉。かなり長くて解説めいた記事を読んでもらえるのか不安だったが、すごい勢いで読まれて、十七日付朝日新聞朝刊の社会面に全文掲載された。英訳も読まれていった。

フラワーデモは、思想革命なのだと思う。

こんなにたくさんの人が、性被害について声をあげたことはなかった。しかも、それぞれの地で立ちあがる人がいて、「ひとりでも」「ここでも」と全国に広がった。

被害者が「語る」「語らない・語れない」を分けるものは何だろうかと私は考えさせられた。

ご本人の意思もあるけれど、「聴く耳」がなければ言葉は外に出ていけない。

四半世紀前、私が性暴力について取材を始めたころ、性被害は「伏せるべきこと」とされていた。「被害者が恥ずかしいから」と。でも、恥ずかしいのは加害者ではないのだろうか？　のちに被害経験者に聞いてみると、「恥」というよりは、痛みや、理解されないという思いを抱えていることがあった。記憶の蓋が開くと体調が悪くなったり、性を語る言葉を持たなかったり、ということもあった。性暴力は封印されて、被害の深刻さは伝わらず、「減るもんじゃなし」などと軽視する言葉があふれていた。

性的な被害はなぜまともに扱われてこなかったのか、戦時下の性被害の取材から関心を持った私は、九〇年代半ばに裁判傍聴に通い始めて、「なぜ逃げなかった」と被害者が問い詰められるさまに、びっくりした。女性が「やめて」と言ったと判決は認めながら、下着を破るなどの強力な暴行は加えていないから「到底、和姦とは言えないが、強姦ではない」と無罪にした例を知ったときは、のけぞった。伝えなければと、なんとか仕上げた短い連載「性暴力を考える」が載ったのは、一九九六年。今読み返すと、取材が足りないし文章も下手。被害者からどう見えるのかが知りたくて、話してくれる人を探したけれど、なかなか難しかった。それなのに、連載の後、被害をつづった手紙がたくさん来た。まるでマグマが噴き出すようだった。事件をなかったことにしようとした学校と親に怒り、「将来、私は裁判官になろうと思います」と書いた中学生。被害後、まるで自分が人間でなく男の道具になってしまったように感じる、と書いた高校生。男の子からも手紙をもらった。どれほどの思いで書

いてくださったのだろうかと、胸が詰まった。
たくさんの手紙をいただいて、当時の朝日新聞社内の私の周りでは、性被害の深刻さや、被害者は見えにくいけれどたくさんいることは、理解されるようになった。「いたずら」という言葉を性犯罪の記事で使わないなどの社内ルールの改定も、九七〜八年に実現した。
それから細々と被害者の話を聴いてきた。そんな私からすると、この一年は景色が塗り替わる感じがした。当事者の語りは確かに社会を変える。でも、#WithYouがあってこそ。性犯罪では、公判などでの「配慮」と、厳罰化は進み、でも根幹は変わらなくて、ここまで来た。「こんなことは変だ、もう嫌だ」と当たり前に言える開かれた場所が出現して、やっと本当に根幹をみんなで考える土台ができたのだと思う。

あたらしい夜明けを告げるフラワーデモ

角田由紀子（弁護士）

　その日、２０１９年7月11日、雨は夕方になって激しさを増した。この雨では中止かもしれないと思いつつ、私は東京駅前行幸通りに向かった。ところが予想に反してそこにはもう何十人もの若い女性たちが集まっていた。毎月11日と聞いてはいたが、なかなか参加の機会はなかった。初参加であった。それまでの報道等では知っていたが、実際に現地に行ってなんだか胸が熱くなった。７時になると集まりは始まった。雨にもかかわらず、次々に人々が集まり、広場はすぐに女性たちと花とで埋め尽くされた。３月の名古屋地裁岡崎支部の判決が人々の心に火をつけたようだ。デモはどんどん全国へ広がっていった。２０２０年3月8日には全国で一区切りをつけるための節目のデモが行われるという。その時には、全国すべての都道府県でと開催が呼びかけられている。それに合わせて、刑法改正を求めるネット署名もすでに8万筆を超えている（２０２０年3月10日現在）。

　ジェンダー格差がとうとう世界１５３か国中１２１位にまで落ちてしまったこの国なのに、性暴力被害者を支援しようとする運動は、４月以来じわじわと広がってきている。

私は1986年以来、東京・強姦救援センター（TRCC）の法律アドバイザーとして仕事をしてきたが、TRCCはいつも社会の片隅の少数派の少数派であった。社会から大きく注目されることも話題にされることもほとんどなく、でも、生き延びてきたというのが実感だ。

落ちるところまで落ちて底をつけば、いやでもそこから跳ね返す力が働くと聞いたことがある。被害者をめぐる運動も、今、そういう反転する力を発揮し始めているということのようだ。押さえつける力が強ければそれだけ反転して押し返す力も強くためこまれていたということだろう。抑え込まれていた何かが、抑え込む力を少しずつ跳ね返し、押し返して頭を現そうとしているのだろうか。長い長い暗い夜がようやく明けようとしているかのようだ。

私は名前も知らない多くの仲間たちの連帯の心と愛情を強く感じる。

2019年3月に続いた無罪判決が、被害経験者たちの虚しさ、くやしさ、悲しさ、ありとあらゆるネガティブな感情を一気に集めて、見たこともない何かに変換させた。あれらの判決はそういう意味では新しい触媒の働きをしたのだろう。今、私たちは何倍もの強さを感じる。

ところで、スウェーデンでは2013年、少女強姦事件での不当判決に抗議して女性たちが大規模なデモを行い、刑法改正を求めたことが報じられていた。このときのスウェーデン法には、日本法のように強姦罪には暴行・脅迫要件が課されていた。一審裁判所は加害者がこの条件を満たしていないと判断し、加害者らを釈放した。これに怒った多くの女性たちが街頭での抗議行動を行った。スウェーデンではその後、2018年の法改正で、暴行・脅迫要件が削除された。2018年4月26日、スペインのLa Manada事件（2016年7月に男性5人が18歳の少女を強姦した事件）の軽い判決に抗議する女性の大きなデモが起きた。全土で数十万人の女性デモが行われた。禁固20年以上の求刑に対して性的虐待（強制わいせつ）で禁固9年、強姦容疑については無罪だった（「私たちが止まれば、世界は止まる」宮下洋一、2018年「世界」7月号）。なお、スペインでは女性たちの激しい抗議をうけて、2020年3月3日、これまでの暴行・脅迫要件を廃止して明示的な同意のない性行為を強姦とする刑法改正案が閣議決定された。

私はこれらの報道に接したとき、日本ではとても女性たちのこんな大きなデモはおきないだろうと、羨ましさ半分、あきらめ半分の気持ちだった。

フラワーデモはその規模においては、これらのデモには及ばないが、質においては同じではないかと思っている。女性たちが自発的に声を上げ始めた。それはどんどん波及効果を生み、今や全都道府県に及ぼうとしている。今までは、この日本社会は性暴力被害者の訴えを聞くどころか、彼女の落ち度のなせる業と貶め、攻撃した。このことには、被害者を理解せず，寄り添わず、冷たく突き放すことを当たり前のようにしてきた司法の〝貢献〟がある。しかし、今、日本の女性たちの怒りは沸点に達した。私たちは、どんな小さな声でも聞こう、そして怒りも悲しみもやるせなさも何もかも分かち合おうと決心したのだ。その証が、参加者が手にした一本の花であり、身に付けた花柄のものである。今まで、日本の社会では、性

暴力被害の告発はとても難しく、告発することは自分の落ち度の告白でもあると扱われてきた。だから、女性たちは沈黙させられ、被害回復から遠ざけられてきた。しかし、これからは違う。被害の告発は社会を少し動かし始めている。それは、伊藤詩織さんが困難を乗り越えて、顔を上げて名前を出して告発することは、「公共性及び公益目的がある」と裁判所が宣言したことと相まって新しい社会を作ることになるに違いない。女性たちの小さな声と決心は、大きなこだまになって響き渡り、社会を作り変える力の一つになれることが実感されてきている。

2019年から2020年にかけての時間は、日本の女性の権利の歴史に残るに違いない。あの時の女性たちは、新しい歴史のページをめくったのだと、後世の人々が思い出してくれるかもしれない。

フラワーデモ刑法勉強会

第一回：4件の無罪判決を考える

2019.5.30 ／ 講師：村田智子弁護士

フラワーデモは、この一年、刑法改正を考えるための勉強会を行ってきました。第一回は、デモのきっかけとなった2019年3月の性暴力事件判決について、長年、犯罪被害者支援の弁護をつとめ、ジャーナリストの伊藤詩織さんが性暴力被害を訴えて勝訴した民事訴訟も担当、性暴力救援センター・東京理事である村田智子弁護士にお話しいただきました。50名の参加者が熱心に聴き入りました。※内容は、すべて2019年5月当事。

今回の４つの無罪判決には、それぞれ共通しているところもあり、違うところもあります。【P28に一覧掲載】最初に強制性交等罪と準強制性交等罪について説明します。

強制性交等罪とは、被害者に意識がある状態でなされた強制性交です。犯罪が成立するためには、暴行または脅迫が必要です。

準強制性交等罪は心神喪失もしくは抗拒不能の状態の被害者に対する強制性交です。抗拒不能の典型的な例は、お酒や薬物で酩酊状態になっていることです。しかし、抗拒不能には、心理的な抗拒不能も含まれると解釈されています。心理的な抗拒不能というのは、簡潔に申しますと、被害者は酩酊しているわけではなく意識はあるけれど、上下関係や支配されている関係性の中で心理的に抵抗できないということです。

準強制性交等罪は、「準」とつくため、強制性交等罪より軽いのではないかというイメージをもつ方も多いのですが、刑の重さは強制性交等罪と全く同じです。例えば、２０１９年3月26日名古屋地裁岡崎支部の判決（実父による19歳の娘への準強制性交による起訴）では、検察側は被害者が「心理的抗拒不能」だったと主張しています。先ほど申し上げましたように、上下関係や支配されている関係の中で心理的に抵抗できない状況です。この被害者には意識と記憶があります。記憶があるわけだから、上下関係や支配関係をもとに行われた強制性交でも、暴行や脅迫がある場合は強制性交等罪が適応されます。一方、そのような暴行脅迫はないが支配関係によって被害者が嫌といえない場合は、意識はあっても準強制性交等罪が適用される場面があります。そもそも準強制性交等罪、強制性交罪を分けることの意味も考える必要があるかもしれません。

そのことを踏まえて今日は話をしていきます。

まず2019年3月26日の名古屋地裁岡崎支部の判決です。実父が19歳の娘に二回強制性交しています。準強制性交等罪として起訴され裁判になりました。おそらく、暴行・脅迫があったとまでは認定できないゆえに、強制性交等罪ではなかったのだと思います。

弁護人（被告側）は、被害者は抗拒不能状態でなく、同意があった、被告人には故意がなかったとしました。「故意がなかった」。これは他の裁判にもでてくるお馴染みの主張です。

裁判所はかなり検察の主張に添った事実認定をしています。裁判所は5年以上に亘る性的虐待を事実認定し、被害者が心理的に抵抗できない状況にあったとする精神科医の意見書を認定しています。

しかし、裁判所は、心理的に抵抗できないということと法的な抗拒不能状況はイコールではないとし、被害者がアルバイトをしていたこと等を挙げ、被害者が盲従しなければいけない強い支配関係にあったとまではいえないと結論づけ、また被害者が一定程度自己の意思にもとづき、日常生活を送っていたことなどを挙げ、心理的抗拒不能とはいえないとして無罪にしました。

ここまで抗拒不能を厳しくしてしまうと、なにもできない被害者、学校にも外にもいけない、そういう被害者でないと心理的抗拒不能にならない。これは、法律解釈として誤っているのではないかと思います。

私も弁護士なので、「疑わしきは被告人の利益に」というのは、性犯罪にもあてはまるべきだと考えています。しかし、この判決の論理構成には違和感を持ちます。

２０１９年3月28日静岡地裁は、実父が当時12歳にあたる娘への強姦罪で起訴された事案です。刑法の性交同意年齢は13歳です。事件時に被害者が13歳未満だったので暴行脅迫がなくても、性交したことが認められれば有罪になります。これが無罪になりました。弁護人は娘と性交したこと自体を否認しています。認めると罪になりますから。

裁判所は、「被害者が全体として相応に具体的な内容の証言をしていると評価できる」という認定はしたが、部屋の間取りからして他の家族が被害事実に気がつかなかったのは不自然としました。またＰＴＳＤのテストで被害を誇張して申告することがあり得るとしています。被害者の証言以外には本件の犯罪事実である性行為があったということがいえない、だから無罪、となりました。

これは私の推測ですが、裁判官は部屋の間取りからみて「無罪」という心証を持ってしまったのではないか。

実父は児童ポルノの画像を所持していて、この部分は有罪です。

２０１９年3月12日福岡地裁久留米支部判決は、被告人が飲食店において、被害者が酩酊状態であることに乗じて姦淫したという事件です。典型的な抗拒不能事案です。すごい量のお酒を飲まされている。検察側の主張としては被害者は飲酒酩酊しており抗拒不能状態であったということ。弁護人は、被害者は抗拒不能状態ではなかった、仮に抗拒不能にあったとしても故意はないと主張しました。裁判所は被害者が抗拒不能であったことは認めましたが、抗拒不能であったと被告人が認識していたとはいえないとして無罪判決を出しました。

裁判所は、被害者が明確な拒絶の意思を示していないと認められることを、故意がないと認定する理由の１つに挙げています。しかし、そもそも被害者は抗拒不能なのですから、明確な拒絶の意思を表明できないのではないでしょうか。

2019年3月19日の静岡地裁浜松支部判決は、屋外で会ったばかりの被害者に対し、ベンチに座らせ陰部を触るなどし、口に指をいれ強引に被害者の口をあけるなど暴行し、無理矢理口腔性交した事案です。そのことによって口唇挫創、顎関節捻挫など全治二週間の傷害を負わせています。2017年の刑法改正で、口腔性交も強制性交で問えるようになりました。これは裁判員裁判です。4つの裁判の中でこれだけが裁判員裁判です。一般の方が加わってこの判決が出たことに危機感をもちます。

裁判所は強制性交等罪の暴行脅迫要件は認めています。それでも無罪にした。つまり「故意がない」というところで落としました。これは控訴されず、確定しています。裁判員裁判の判決を検察官も重くみる傾向があります。理由はわかりませんが控訴されなかったのは残念です。

私には、「故意がないから無罪」という判決は、新しい形での、性犯罪被害を訴える人への「挑戦状」に見えます。というのは、今、被害者の心理状態がだいぶ解明され、頭が真っ白になり抵抗できないのが当たり前というのが共通認識になっています。暴行・脅迫についても、被害実態に即した事実認定がなされるようになりつつあります。

ところが、今度は「故意がない」という。故意というと、加害者の認識なので、「ない」といえば「ない」ということになります。故意の認定を厳しくすると無罪が増えます。しかもこの故意認定の過程で、被害者は抵抗すべきという価値観がでてきているように感じます。

法律家としては、故意の認定を常識に則った、一般人を基準にした形でしてもらいたい。例えば、ナイフでお腹を刺したときに「殺すつもりはなかった」は通らないでしょう。この4つに代表されるような、問題のある判決が出されていますが、それでも、フラワーデモやツイッターなどの「これおかしい」という声は、効いていると思います。4つの判決についておかしいなと思う法律家も結構いるのではないかと思います。そういう方もいるということ、皆さん、心にとめておいてください。

（談）

2019.3.12 福岡地裁判決	
事案の概要	被告人が、飲食店において、被害者が飲酒酩酊状態のために抗拒不能であるのに乗じて、姦淫したという事案
罪名	準強姦罪（当時）
検察の主張	・被害者は飲酒酩酊しており抗拒不能状態であった ・被告人はこのような状況を認識していた
弁護士の主張	・被害者は抗拒不能の状態にはなかった ・被告人は被害者が抗拒不能の状態にあるとは認識しておらず、故意がない
事実認定・裁判所の判断等	以下の事実等を認定 ・被害者が被告人が性交した際に酩酊していたこと ・被害者が被害後、他の男性から体を触られた際に「やめて」と言ったこと
無罪の理由 ・被害者は抗拒不能ではあったが、ある程度言葉を発することができる状態であったこと、それほど時間が経たないうちに「やめて」と言ったことから、飲酒による酩酊から覚めつつある状態であったといえるので、外部から見て被害者に意識があるかのような状態であったといえる ・被告人はその場にいた他の者から「被害者はあなたのことが良いと言ってるよ」ということを言われており、その気になった ・被害者は被告人に明確な拒絶の意思を示していない ・現場には他の者もおり、被告人が警察に通されるような行為だと認識しつつ性行為をしたとは考え難い → 故意がなかったという被告人の供述の信用性を否定することができない	

2019年5月30日フラワーデモ勉強会で配布された、村田弁護士による4件の無罪判決解釈。

2019.3.19 静岡地裁浜松支部判決	
事案の概要	被告人が、屋外で声をかけたばかりの被害者に対し、ベンチに座らせて陰部を触るなどした後、口に指を入れて強引に開く等の暴行を加えて口腔性交等をし、もって口唇挫創、顎関節捻挫等の傷害を負わせた事案
罪名	強制性交等致傷罪
検察の主張	・被告人の暴行は被害者の反抗を著しく困難にする程度であった ・被告人は被害者に口腔性交した
弁護士の主張	・被告人は同意のうえで被害者の体を触ったが、陰部は触っていない ・被告人は口腔性交を試みようとしたが、被害者が嫌がる素振りをしたのでやめた。暴行を加えたり、口腔性交をしたことはなかった ・被告人の行為は被害者の反抗を著しく困難にする程度であったとはいえない
事実認定・裁判所の判断等	・被害者の証言の内、被告人の暴行部分、口腔性交部分等は信用できる。この点に反する被告人の供述は信用できない ・口腔性交と傷害との因果関係を認める ・被害者の「頭が真っ白になった」旨の供述は信用でき、被告人の加えた暴行が被害者の反抗を著しく困難にする程度のものであったことは認める

無罪の理由

- 被告人の暴行は被害者の反抗を著しく困難にする程度のものではあったが、暴行の程度が強いものであったとまでは認められない
- 被害者が抵抗できなかった理由は、精神的な理由によるもの
- 被告人からみて明らかにそれとわかるような形での抵抗を示すことができていない

→ 被告人が、被害者が被告人との口腔性交を拒否することがとても難しい状態であったこと、あるいはそのような状態であることを基礎づける事情を認識していたとは認められないため、故意が認められない

2019.3.26 名古屋地裁岡崎支部判決	
事案の概要	実父が、19歳の娘に対し、2回（会社の会議室、ホテル）性交を強制した事案。実父は被害者に対して5年以上にわたって性的虐待をしていた
罪名	準強制性交等罪
検察の主張	被害者は ・長年にわたる被告人による性的虐待を受けてきたこと ・実母と不仲で相談できなかったこと ・弟たちが学校に行けなくなってしまうとの思いから警察に被害申告できなかったこと ・専門学校に入学する際に被告人から金銭的援助を受けたこと等によって、被告人からの性交等に抵抗することが著しく困難であった（＝心理的抗拒不能）
弁護士の主張	・被害者は抗拒不能の状態にはなかった ・被告人は被害者が抗拒不能の状態にあるとは認識しておらず、故意がない
事実認定・裁判所の判断等	・被告人の供述より被害者の供述のほうが信用できるとし、5年以上にわたる性的虐待を認定 ・各性行為は被害者の意に反するものであったことを認定 ・被害者が心理的に抵抗できない状況であった旨の精神科医の意見書につき「高い信用性が認められる」
無罪の理由 被害者は抗拒不能状態ではなかった （主な理由） ・「心理的抗拒不能」の解釈について、「暴行脅迫が用いられた場合と同程度に被害者の性的自由が侵害された場合に限るべき」 ➡「性交を承諾・認容する以外の行為を期待することが著しく困難な心理状態と認められる場合」と解すべき ・被害者が家を出て一人暮らしをすることも検討したこと等に照らし、被害者が被告人に逆らうことが全くできないとまでは認めがたい ➡被告人は被害者を精神的な支配下においていたものの、被害者が服従・盲従せざるを得ないような強い支配関係にあったとまではいえない ・一定程度自己の意思に基づき日常生活を送っていたこと、弟や友人に被害を相談していたこと、第2の被害事実の前に被告人に勧められその車に乗ったこと等からして、性交に応じるほかには選択肢が一切ないと思い込まされていた場合（心理的抗拒不能の場合）とは異なる	

2019.3.28 静岡地裁判決	
事案の概要	実父が、当時12歳の娘に性交したということで強姦罪で起訴された事案　※12歳は性交同意年齢未満なので、暴行脅迫がなくとも強姦罪成立
罪名	強姦罪（当時）
検察の主張	被害者は ・被害者の供述は具体的であり信用できる ・被害者の年齢からみて性的知識は乏しいはずであり、嘘の供述はできない ・同室にいた他の家族が気づかなかった可能性は十分考えられる ・被害発覚の経緯が自然である ・PTSDの数値が高かった
弁護士の主張	性行為自体を否定
事実認定・裁判所の判断等	・被害者は「全体として相応に具体的な内容の証言をしていると評価できる」 しかし ・部屋の間取り等からして、他の家族が被害事実に気が付かなかったというのは不自然 ・PTSDテストで被害を誇張して申告することはありうる ・被害者が性的知識がなかったとは言い切れない ・いつ被害を受けたのかについての被害者の証言が変遷している → 被害者の証言は信用できない
無罪の理由 犯罪事実（強姦）を裏付ける証拠がないため、無罪	

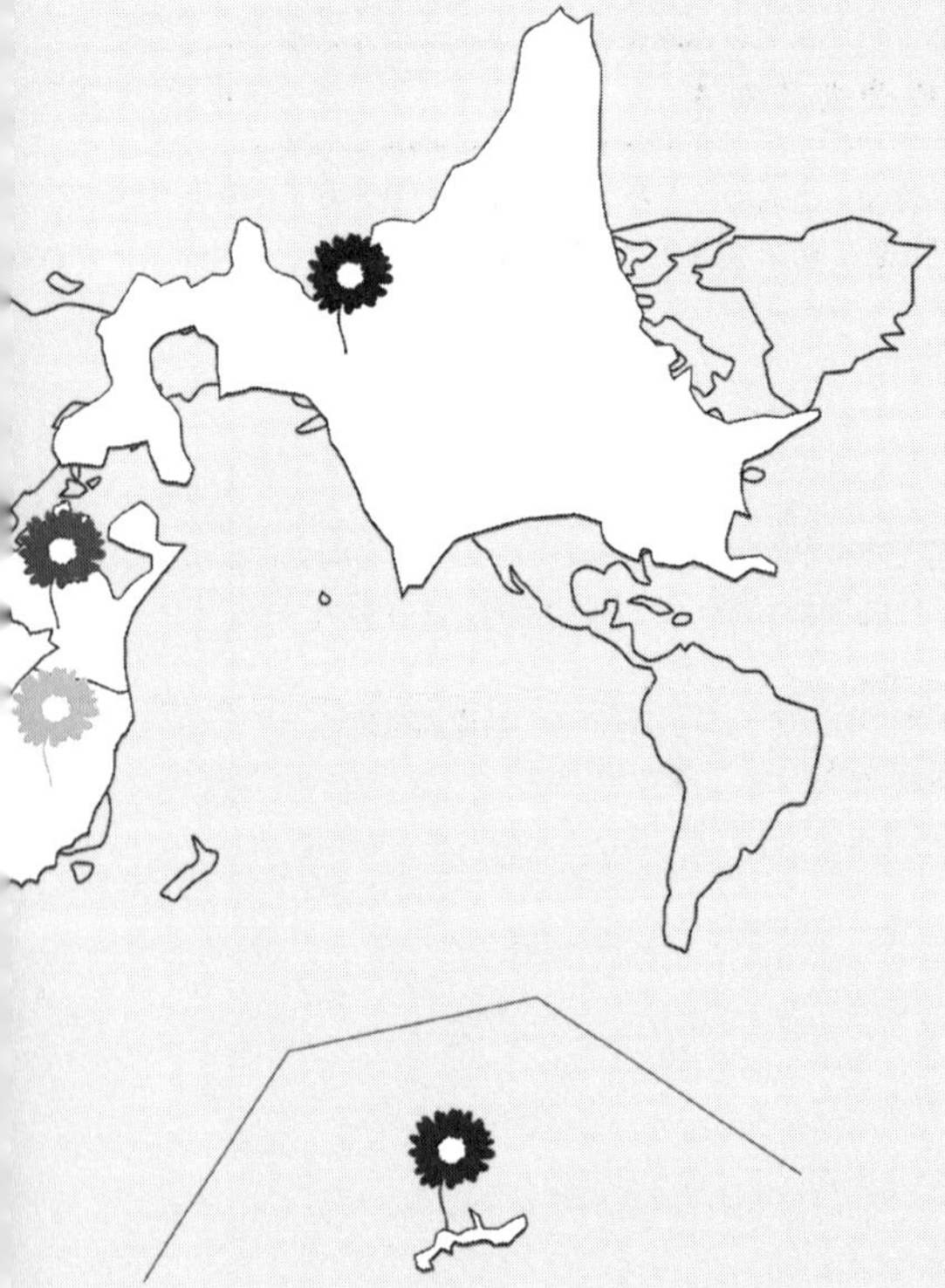

私たちが声をあげた記録

のべ参加人数計:
10990

					2020年		
	9月	10月	11月	12月	1月	2月	3月
	青森 群馬 佐賀	バルセロナ	富山 三重 奈良 長崎	山梨 埼玉 神奈川 福井 高知 宮崎	栃木 和歌山 鳥取 大分	茨城 新潟 石川 島根 香川	秋田 山形 滋賀 岡山
	＊4都市が台風で中止	＊6都市が台風で中止					＊8都市がコロナウィルス対策で中止
	18 / 18	16 / 17	22 / 26	29 / 32	35 / 38	40 / 44	39 / 47
	640	**300**	**820**	**1100**	**1400**	**1670**	**860**
	4840	5140	5960	7060	8460	10130	

[フラワーデモの開催データと参加人数]

＊初開催の一覧は、各都道府県で最初にフラワーデモが開催された月です。
この後のページに続く主催者によるデモとは別の場合があります。
＊各地のフラワーデモ名は、それぞれの主催者がつけています。
都道府県名と都市名が混在していますが、フラワーデモおよびこの本では各地の意向に沿います。

	2019年 4月	5月	6月	7月	8月
初開催	東京 大阪	福岡	北海道 宮城 福島 千葉 長野 愛知 兵庫 山口 鹿児島	岩手 岐阜 静岡 徳島 熊本	京都 広島 愛媛 沖縄
		1010	2110	2980	4200
国内の開催都道府県 / 都市数	2 / 2	3 / 3	12 / 12	15 / 15	19 / 20
全国の参加人数（概算）	**550**	**460**	**1100**	**870**	**1220**

1 札幌

昨年3月の静岡や福岡での無罪判決に愕然とした。なぜこんな目に遭っても声もあげられず、悲痛な思いを抱えなければいけないのか。ネットでの他の人の体験を読むと、予想を超えるひどさに、怒りや悲しみがこみ上げ、他人事としては捉えられない。矮小化され、自己責任であるかのように扱われ分断される社会構造は、家父長制や天皇制、性暴力を受けた「慰安婦」たちの経験や支配・抑圧の経験ともつながる。広い北海道のどこかでフラワーデモを開催して、たとえ来る人が一人でもエンパワメントにつなげたいと考えた。「雪も降るし寒くなるから屋外で続けられないかも」と心配したが、意外と暖かい日に恵まれ、#フラワーデモ自宅組で遠くから一緒に訴えてくださる皆さんの力を得ながら、自分たちのこととして続けてこられた。

（萩谷海）

2 青森

東京のフラワーデモに関わっている方々から、医学部入試女性差別やセクハラ、性被害について「黙らなくていい、怒っていいんだ」と気づかせてもらえたことが青森フラワーデモ開催の大きなきっかけです。また、もうひとつ。岩手、仙台で同じく学生がフラワーデモを開催していたこと、仙台発起人が「青森開催するなら応援に駆けつける」といってくれたことが背中を押してくれました。初開催後、しばらく外出もできなかった状態でした。ですが、共同主催者の方々が47都道府県開催までバトンをつないでくださいました。「声を上げることは無力ではない、大きなうねりになっている、社会がようやく私たちの声を聞き取る準備が出来てきたのではないか」そんな北原さんのステイトメントにも勇気づけられ、また弘前駅で立つことができました。また、弘前市に加え青森市でもフラワーデモが開催されることになり、青森でもどんどん連帯の輪が大きくなっていると実感します。

（弘前大学医学部医学科 学生）

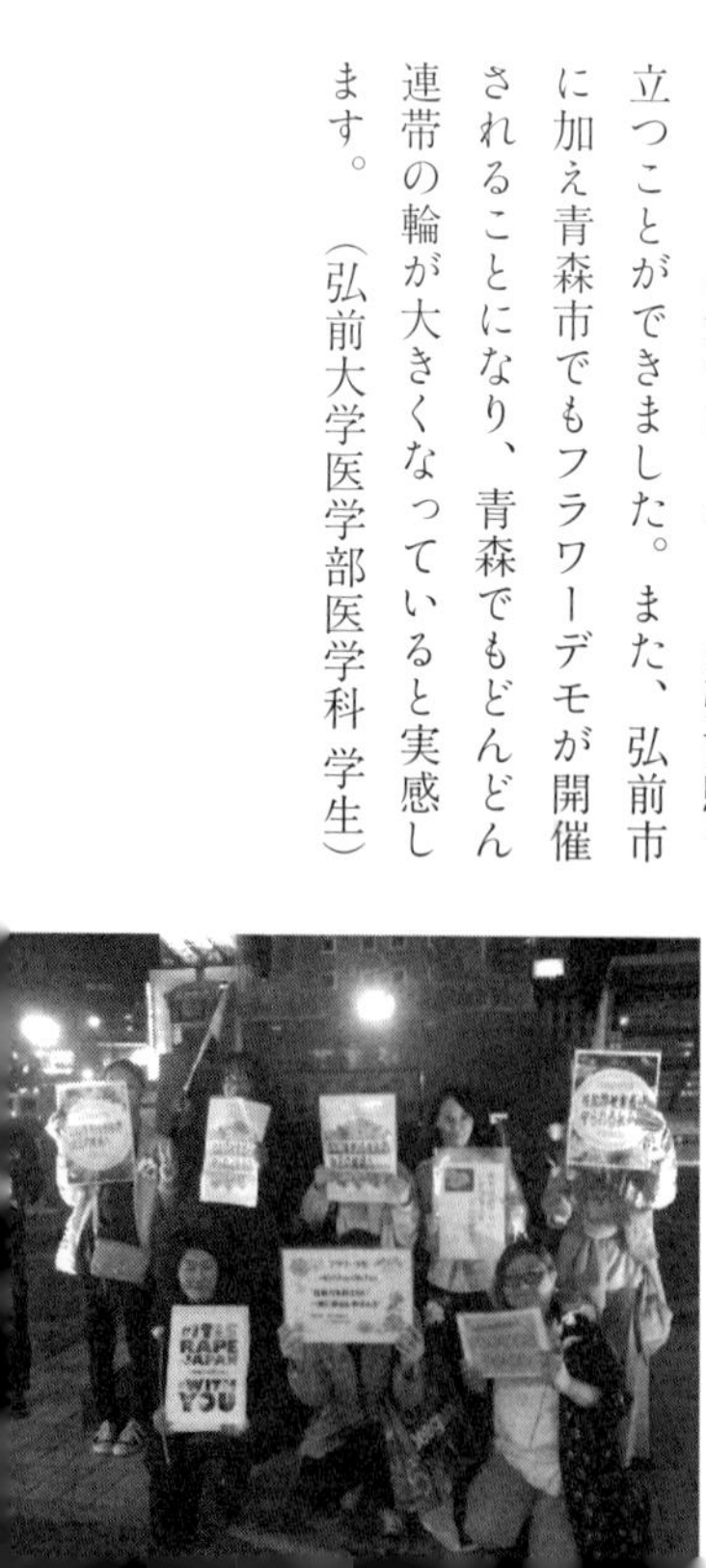

3 盛岡

盛岡では7月からスタンディング、10月からスピーチを始めました。

私は現在、性暴力事件に対する第三者の認識について研究をしています。悲惨な事件や、非情な発言による二次被害の数々を見聞きするのは本当につらく、「一人では抱えきれない」「誰かとこの想いを共有したい」と感じました。

初めは4人だった輪も、今では20人以上にも増えました。盛岡で花をもって立とうと決めた時、この田舎でともに立つ人がいるのか不安でしたが、これまで多くの方が、自身の被害体験や生きづらさを語りました。今では、同じ想いの人は見えなくとも必ずいるのだと確信できます。

自分の想いを言葉にし、体験を語る……。私たちはか弱い被害者などでなく、意思も尊厳も持った一人の人間であることを実感しています。私たちがこうして出会い、想いを共有することは、私たちの自信と希望につながると信じ、私は声をあげ続けたいと思います。

（渡辺由希）

4 仙台

私は「デモ」と無縁の生活を送っていた。大学入学以降に様々な社会問題を学ぶようになったが、2018年は医学部入試差別問題や「SPA!」のヤレル女子大生問題が立て続けに起こり、社会に蔓延る性差別に怒りとショックを覚えた。一方で、名前・顔を公表して差別に立ち向かった同年代の学生に勇気をもらった。

そして2019年3月、性暴力の裁判における無罪判決が相次いだ。このニュースを見るたびに勝手に涙が溢れて止まらなくなり、何もできなくなってしまった。勇気を出して最後の手段として訴えたであろう被害者の気持ちを想像すると苦しくなってしまい、公正な判断をするはずの司法でさえ機能しない社会に生きる希望を失った。

そのような折に、5月のフラワーデモが三大都市で行われたことを知る。仙台でも声を上げたいと思ったが「本当に私にできるのか」「声を上げることで社会は変わるのか」と1ヶ月間葛藤を繰り返した。最終的に行動を起こす決め手となったのは、5月28日に投稿された全国8都市開催のツイートだった。なぜ百万人都市の仙台で行われないのか。誰もやる人がいないからではないか。生きる希望が

持てないならば、何も捨てるものはない――勢いで公式サイトにメールを送り、北原さんから電話で激励の言葉を受けた。そして仲間もいない、家族に猛反対される、デモのやり方も分からない状態から、約10日間で準備に取り掛かった。ツイッターで賛同してくれた社会人・大学の友人らに声をかけ、教授にも協力を依頼した。今まで繋がることのなかった仲間が集まり、6月11日に初めての開催に漕ぎつけた。

運営の過程においては困難も伴った。私が呼びかけて良いのか、どうしたら人が集まるのか、初めての経験ばかりで準備が上手く進まずに頭を悩ませた。その中でも被害者の悲痛な想いを聴くことは辛くて仕方がなかったが、被害者が目の前で立ち上がろうとしているのに、WithYouで支えなくてどうする？　という使命感に突き動かされた。一緒に運営をしてくれる仲間ができたことで、私自身が「一人ではない」ことに気が付き、辛さを背負い込む必要がなくなった。

そして最も嬉しかったのは、盛岡の大学院生と弘前の大学生が、私に影響を受けたとしてフラワーデモを立ち上げてくれたことだ。東北で同じ意思を持った同年代がいたこと、その二人と繋がれたこと、自分の行いが誰かに届いていたことが素直に嬉しかった。仙台の多くの団体と連携できたことも大きな力になった。また、仙台には男性の参加者が多いことが特徴的だった。

フラワーデモ仙台を続けてこられたのは「フラワーデモ仙台運営チーム」の力があったからだ。私は呼びかけただけであり、毎月の運営は仲間との役割分担や綿密なミーティングで成り立っていた。仲間の力と参加者の結集によって開催できたことを決して忘れずに、次のステップに進みたい。

（益子実香）

5 秋田

性暴力に対して抗議行動するフラワーデモ。秋田でも、やっと？　とうとう？　開催します!!　3月8日（日）、正午からJR秋田駅前の仲小路大屋根下で、花とプラカードを持ってスタンディングデモを行います。さまざまな花に「私たちはどんな暴力も許さない」というメッセージと思いを込めて……。

社会の中で目に見えない形で浸透している性暴力。その実情を広く認識してもらうフラワーデモ開催告知に、多くの励ましと賛同の声をいただきました。被害者の方達と一緒になり、〝自分ごと〟として声を出して行きたいという強い思いを感じ、ここ秋田に仲間を発見し繋がる機会になっています。

性暴力被害者は社会の性差別構造の中で、性暴力がまるで個人的問題であるかのように扱われ苦しんでいます。被害者に寄り添い支えていける社会、そして「性暴力は犯罪である」「性暴力は決して許されない」という認識を共有できる社会にしたい。そのために、被害者の視点に立った刑法改正を目指して、全国の仲間と共に、秋田からも諦めない声を発信していきたい。

（中鉢美之）

6 山形

昨年の4月11日、東京で初めて行われたデモを見ました。たくさんの方々が声をあげる姿をみて、こみ上げるものがありました。

山形でもワンストップセンターが立ち上げられ、やっと被害を相談していい場所ができました。

それでもきっと、相談できない被害者はもっとたくさんいる、そう感じていました。

そして、声を上げづらい地方ゆえの問題もある、そう感じてもいました。

そんな思いを抱えて最初のフラワーデモから約一年。

声を上げづらいなら、なおさら声を上げてもいいんだという場所を作らなければならないのでは、と思っていた私の背中を押してくださる方がいました。

思っていても動かなければ何も変わらない。

フラワーデモ1年になる3月8日、山形で動き出します。

（片山枝美）

7 福島

20年前、大学の就職指導担当職員（企業を退職した年配男性）が指導の一環として「僕の胸を触って未知のものに触れる勇気を」と身体接触を求めることや内定報告時にハグされることが不快だという学生の訴えがあった。すぐに改善策を講じたが、多くの学生が違和感を持ちながらも我慢していたことに愕然とした。

同時期に、福島市内で一人暮らしの女性を襲う「連続強姦（強制性交）事件」で16歳の少年が逮捕された。少年は警察で「鍵をかけないのが悪い」と被害者を非難したという。傍聴を続け、被害を受けた女性の痛みが私を貫いた。

こうした問題意識を持つ私に、ある日友人が打ち明けたのは、幼いころ兄から受け続けた性被害だった。根強い男子尊重の価値観が残る地方社会において兄の行為はないものとされ、友人は孤独に生きてきた。親族からの性被害が隠蔽されてきたことに暗澹とした。

「Me Too」と声をあげてつながることが力になると信じ、福島も花をもって集まろう。

（二瓶由美子）

8 茨城

私も、実父から性的虐待を受けていた当事者の一人です。トラウマに苦しめられ、何度も生きることを諦めようとしました。実家から離れ、やっと自分の過去と向き合えるようになったのは、被害を受けてから10年以上経った後でした。

いつの頃だったか、SNSでフラワーデモの存在を知り、回を重ねる毎にぽつりぽつりと各地で開催地が増えていく様子をみて、私も生まれ育ったこの地で声を上げたいと思い、開催希望のメールを出しました。

何もできずただ過去に苦しめられ耐え忍んできた時間を無駄にしたくはない。たとえ地元での参加が自分一人だったとしてもやりきろう。その思いで迎えた当日、10名ほどの参加者が手に花を持ち集まってくれました。当事者である事を打ち明けてくれた方や、見守ってくれた方の力を借り、私も自分の過去を話すことができました。

どうか性暴力がフィクションのお話ではないこと、「魂の殺人」と呼ばれる理由を知って欲しい。そして、今苦しんでいる人たちが少しでも多く救われることを願い、声を上げ続けていこうと思います。

（佐々木愛美）

9 栃木

19年12月、伊藤詩織さんの勝訴のニュースに背中を押され、2020年1月11日栃木県宇都宮市で初のフラワーデモを開催することとなりました。

周りの知人数名に声をかけ、少人数でも、スピーチはなくても、「私たちは性暴力を許さない!」「被害を受けて苦しんでいる方々と共にありたい」との想いをアピールしよう!! と取り組みました。スピーチなどがない代わりに、ギターの伴奏で歌を歌い、北欧の笛ティンホイッスルを演奏しながらのスタンディングをしています。二度の開催の中で、道ゆく女性たちの反応から、多くの人に共通の想いなのだということを実感しています。公式アカウントを見て参加してくれた方からは「栃木でも開催してくれてありがとうございます!」とのことばをいただき、本当に勇気づけられました。女性が中心となって起こったこの運動ですが、性暴力の被害者は女性だけではありません。全ての性暴力を許さない社会を実現するため、全国のみなさんと繋がって声を上げ続けていきたいです。

(平松愛、尾形真理)

10 群馬

「私はこれまで3度の性暴力に遭いましたが、10年以上もの間、私はこれらのことをなかったこととして生きてきました。(省略) 今この瞬間にも過去の私と同じように苦しみと絶望の中にいる人が大勢いて、助けを求めたいのに求められず、孤独の中にいる人が大勢いて、誰の助けも得られずに自らの死を選ぶ人さえいる、ということを知り、そしてそれを思うと、私はここで声を上げずにはいられないのです。自分の過去もなかったことにはできないのです」

NHK「ハートネットTV」の中継があったこの日、群馬県では3度目となるフラワーデモの中で、番組冒頭私はスピーチをしました。

「声を上げずにはいられない」「なかったことにはできない」という思いと、幼い娘を被害者にも加害者にもさせたくない、社会を一刻も早く変えなければ、という焦る思いに駆り立てられ開催した地元群馬県でのフラワーデモ。

実は初開催の9月11日当日まで、私の心は不安でいっぱいでした。

なぜなら、その数週間前、フラワーデモ群馬のTwitterアカウント宛てに嫌がらせリプが相次いだこと、また知人から「フラワーデモみたいな攻撃的な活動はやめろ」と言われたことが私の気持ちを重くそして苛立たせていたからです。

しかも、私を含め主催者2人とその家族しか集まらないかもしれない、様々な不安が募りましたがそれでもやろうと心に決め当日を迎えました。

参加者約50人。

「まさか群馬で開催されるとは思ってもみなかった」「よくやってくれた！」「フラワーデモをしてくれてありがとう」など、参加者の方々が言ってくれた言葉です。

デモでは被害に遭った方の話だけに留まらず、性暴力について率直な私見を述べる方もいたりと、これまで（2020年2月現在）予想以上に多くの方がマイクを手にスピーチをしました。

共に主催する女性と私で、開催するにあたり決めたルールはとてもシンプルなものでした。「スピーカーや黙って参加してくれる方の想いを全て受け止めよう、泣き崩れてもいい、怒鳴ってもいい、言葉に詰まっても私たちは何分でも何時間でも待とう。沈黙があったらその時間をも大切にしよう」と。あとはゆるーく。

私がフラワーデモで刑法改正を訴えることはもちろんのことなのですが、性暴力を語れない日本のこの空気を変えることが最も重要だと思うのです。

そのためにはまず一人一人の語る言葉に耳を傾けること、黙って佇む人や自宅から応援してくれる人にも、寄り添う姿勢がこの社会を変えることに繋がるのではないでしょうか。

名前も住んでいる場所も知らない人がマイクを持ち、自身の辛い過去の体験を語る。終わった後私たちは手を取り握手をする時もあれば抱きしめ合うこともある、そして次の月、再び同じ場所で会う。

名前は知らないけど。

もし、フラワーデモを〝居場所〟と感じてくれる人がいたら私はそれだけで幸せです。

今でも私がメディアに取り上げられるたびに、嫉妬なのかよくわからないけど、怒りをあらゆる形でぶつけてくる人が絶えずいて、心底腹は立つ。でも、もう私は一人じゃないと思えるし、寄り添ってくれる人がいるから前に進んでゆける気がしています。

性暴力がこの世からなくなるその日まで私は闘い続ける。共に闘える仲間がいるから、もう「なかったこと」にはしない。

（田嶋みづき）

11 埼玉

東京から始まったフラワーデモが全国に広がっていく中、「埼玉でもやらないかな」と思っていましたが、「そうか、自分でやればいいのか」と12月にようやく立ち上げました。短期間の準備でしたが12月40名、1月60名、2月80名と回を重ねるごとに人数がふえています。

呼びかけた私たちはジェンダー問題はもちろん、憲法や原発問題などにも取り組むいわゆる〝活動家〟です。しかし参加者の半分以上はそうした市民運動の場に参加したことのないような女性たちでした。花を手に震えながらマイクを持って話すさまに当事者がここに足を運ぶまでの勇気を感じるとともに、こういう場が必要なのだと痛感しました。また私自身を含め参加した活動家や議員など「強い」「黙っていない」と見られている女性たちが、自分の性被害については口を閉ざし続け、ここへ来てようやく「私も」と話すことができたという事実に、性被害を訴えることのこの社会の現実を改めて認識しました。（白田真希）

12 千葉

「フラワーデモを千葉県でも行おうとしている」ということを人づてに聞いたのが6月10日、つまり開催の前日でした。それからすぐに友人や知人に声をかけ、SNSでも拡散をし、当日を迎えました。最初に呼びかけた人を含む参加者数人で主催者グループを結成し、「フラワーデモ@ちば」と名付けました。

なるべく多くの人が参加できるように毎月開催場所を変えました。また東京のデモにも駆けつけられるようにと少し早めの時間に行いました。

参加人数が多くないため、円形ではなく横一列に並んでのリレートーク形式になってしまい、MeTooを話しづらい環境だったのではないかと省みています。

月一デモ以外にも私たちにできることをしようと相談し、「千葉性暴力被害支援センターちさと」の理事長を講師にお招きし、2月に学習会を開きました。デモの終了後も毎月ミーティングをもち、自分たちの学びを含め、性暴力を許さない社会をつくる活動を続けていきます。（金光理恵）

13 東京

毎月11日に東京駅行幸通りにいくと、花を持った人たちが開始の19時を待っていて、これから語られる言葉を隅々まで聞こう、という参加者の姿勢を全身で感じる。フラワーデモは歩かないし、シュプレヒコールもない。そこではマイクを持った人を静かに囲む人々がいて、生活のなかで受けた性暴力について話す人がいる。「今まで誰にも話せなかった」という話を何度も聞いた。なぜ東京駅のこの場所で話すのか。それは性暴力が個人の問題ではなく、紛れもなく社会の問題であるからだ。性暴力を前に、変わらなくてはならないのは、私たちの選んだ服や、態度ではなくて、性暴力を容認し続ける社会だ。刑法や、教育、報道のひとつひとつを変えていかなくてはいけない。

　行幸通りではじまった東京のフラワーデモは、国分寺、八王子、調布と都内だけでも4ヶ所で行われた。その場所で暮らし、起こった性暴力をあえてそこで訴えるのは性暴力が暮らし自体を蝕んでいくものだからだ。暮らしている街を安心できるものへと変えたいからだ。何かあったとき、それぞれの場所で、声をあげることができるということを私たちはもう知っている。とても心強いことだ。性暴力を容認する社会を私たちの言葉で、行動で、どんどん変えていきたい。

（杉田ぱん）

14 横浜

昨年3月、性暴力の裁判で立て続けに4件の無罪判決が下されました。そのうちの2件は実父からのレイプ被害です。名古屋地裁岡崎支部の裁判では、「著しく抵抗が困難だったとは言えない」として無罪。静岡地裁の裁判では、「狭いアパートの中……」との証言は信用できないとして無罪になりました。

　私は、司法が下したこの判決に愕然とし、息が出来なくなりました。

　私も性被害者です。14歳の時に実父からレイプされました。

　それは狭いアパートの中、家族が眠る真横で起きました。自分の身に何が起きているのかさえ解らなかった。恐怖で身体が凍りつき泣くことも声を出すことも出来なかった。「誰かに話したら一家心中だ」との脅しの中、3年以上もの間ほぼ毎日の様に被害に遭いました。

　いっそのこと殺してくれたらどれほど楽だったか……毎日が本当に地獄でした。私は生きるために心を殺し、忌まわしい出来事を夢の中に押し込めました。

　34年もの間、身体を引き裂きたくなる程の嫌悪感と闘っ

て来ました。時が経ち、性被害を事実と認識してからは自分の身体が気持ち悪くて夜通し吐き続けた。性暴力の苦しみは歳を重ねるごとに形を変え酷く被害者を苦しめます。どんなに忘れたくても過去を消すことは出来ません。

私にとって、こうして被害をさらすことはとても辛いことです。出来ることなら誰にも知られたくなかった。でもそれ以上に、被害者にも落ち度があると責められ、加害者を正しく罰することさえ出来ない、こんな社会はもう耐えられません。

性暴力は決して他人事ではありません。家庭や地域、学校、職場や電車の中、震災時の避難所の中でさえも、被害は繰り返されています。私たちのごく身近な生活の中で、誰でも被害に遭う可能性があるのです。

そして、皆さんが想像しているより、遥かに多くの人が性暴力に苦しんでいます。幼児や小学生までもが被害を受けています。今この瞬間にも死にたくなる程の絶望と闘っている人が沢山います。本当は生きたいと心の中で叫びながら、耐えられずに命を絶つ人もいる。

たとえどのような状況にあっても性暴力をして良い理由にはなりません。同意のない性行は犯罪です。父親からの性虐待にそもそも同意なんてありえない。

セカンドレイプによって被害者を苦しめる世論も、加害者に優しい刑法も今すぐに変えるべきです。

私たちはフラワーデモで声を上げました。性暴力の根絶を目指しこれからも声を上げ続けて行きます。どうか私たちと一緒に声を上げて欲しい。一人ひとりの力を合わせれば、きっと変えていけると信じています。

これ以上、性暴力に苦しむ人を作らないため、いま、苦しんでいる子どもたちを助ける為に社会を変えて行きましょう。

（森澤法子／3月スピーチより）

スピーチ

2019.7.11 東京

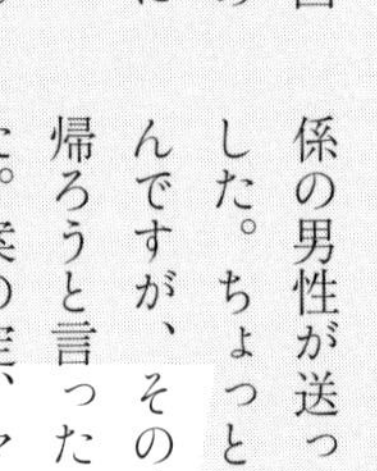

はじめましてフーさんといいます。フラワーデモに二回目の参加です。一回目に来ました。すごく寒い日だったのにもかかわらず多くの人がきた。今日もこんな天気なのにこんな集まって驚きました。

一回目のフラワーデモで、私はデイジーの花を買いました、花をもって集まりましょうという呼びかけがあって、花を自分の手に持ったとき、あ、始まったと思ったんです。花に勇気をもらったような気持ちになりました。あの晩、ここで皆さんが話しをしているのを聞いて本当に驚きました。誰にも話したことのない思いを、ここで初めて話すという方は一人じゃなかった。十代の方もいた、遠路はるばるこられた方もいた。その人たちが、こんな屋外で、ビルの谷間で、東京駅の前で、四百人もいるなかで話す。凄いことが起きているのだと思った。それが#MeTooなのだと実感しました。思いを分かちあって、分かち合うことで思いをさらに強くする、それがフラワーデモなんだ、そういうデモのスタイルがあるのだという実感した。

私の話をします。いま五十八才なので、三十年以上前の話です。

ホステスのアルバイトをしていました。ある日、ホール係の男性が送っていくよと言いました。ちょっといやな予感がしたんですが、その店のママが一緒に帰ろうと言ったので車に乗りました。案の定、ママは先に降りて私は男性と二人だけになりました。私の家まで、真っ暗で人気のない山道が延々と続きます。その人は真っ暗な駐車場に車を止めました。ヘッドライトを消すと、なにもみえない。そこで私に性行為を要求してきた。いやだ、なにいってるの、と言いました。その時、私は車から降りることもできた。でも外は真っ暗で野犬とか狸とかいるだろうな、家まで歩いたら二時間かかるな、その間に他の人に拉致されるかもしれないな、だったら今この状況で車の中でいるのが一番安全だよな、と思ったんです。結局私は要求を呑みました。それでもやっぱりいやで、途中で嫌だ、というと、それはそれで終わりました。

今でも思い出すとすごく嫌だったという気持ちがこみあげてきます。でも私はずっと、そのことを自分の落ち度、私の失敗だと思っていたんです。変だなと思っていたのに車に乗った私の失敗だった、ばかだったと。

でも、一回目のフラワーデモに参加したあと、違う、これは違うんだ。始めからそういう計画を持って、私を追い込んでいく男によって、圧倒的な不利な状況に持ち込まれた状況で、合意なんてあり得ないんです。あり得ない。そのことに気がついたんです。合意のない性交はレイプ。先日ニュースで読んだ簡単明瞭なスウェーデンの法律、本当にその通りだと思います。

もう一つ、話したいことがあってですね。七十代の私の友人なんですが。フラワーデモのこと知ってるのか知らないのか分からないのですが、七十代の友人が、わりと前触れなく、私に、二十代のころの性被害の話を打ち明けてくれたんです。

彼女は私に、「五十年前のことだと思わないでくれ、あの日から私は気が晴れた日は一度もないのだ」と言いました。加害者は私の知り合いでした。その女性は、姉と母親にうちあけたのですが、母親は「嫁にいく前なのだから黙っておきなさい」と言ったそうです。そのことを友人は恨み続けながら、誰にも被害を語ることはなかったそうです。

友人に打ち明けられたときに私が考えていたのは、私の母親のことです。私の父親は母親に激しく暴力をふるう人でした。幼い頃度々目にして、傷ついた思いが今もあります。ある日、私が小学生の頃、祖母が遊びに来たんです。お母さんのお母さんです。そのとき、私のお母さんが泣きながら暴力を受けている、離婚したいと話したんです。その時、おばあちゃんは「がまんしんしゃい」と一言言いました。子ども心にも、えっ、と思いました。結局母は離婚をせずに、私が高校生のときに亡くなりました。

私はずっと、おばあちゃん酷いな、酷いことという人だと思っていたんですが……もしかしたら、おばあちゃん自身も、真っ暗な駐車場にいたんではないか、車から降りることができずにいたのではないかと……そう思うようになりました。

今、大勢のみなさんと私は雨のなか、この気持ちを分かち合えています。この姿を、私のおばあちゃんやお母さんが見たら、どう思うだろう。「もう、がまんせんでよか」って言うんじゃないかな、って思いました。

どうもありがとうございました。

スピーチ

2020.1.11 東京

こんばんわ、「ぼん」と言う名義でツイッターの発信をしています。漫画を描いています。今日勇気を出して、初めてフラワーデモに参加しました。

私は幼稚園時代から中学生あたりまで、実の兄から性被害を継続的に受けてきました。兄から「親に言うなよ、内緒だよ」と言われ、幼い私はなされるがままで、兄からされたことは「性行為」だと分からず成長しました。

自分が小学生になり、学校の保健体育の授業で性行為を知り、私がされている事は異常なことなんだと、自覚し抵抗をすると、兄は苛立ったように家の壁を蹴り壊し、今度は力で支配しようとしてきました。私は必死で逃げました。逃げられない夜もありました。

夜になるのが怖くて、家に帰りたくないと思うようになりました。もう私の居場所は家には無いんだと、そう思うようになりました。

父母に相談しようにも、家族がバラバラになってしまう事が怖くて相談出来ず、被害を受け続けて、成長していく私に待ち構えていたのは「出口が見えないトンネル」でした。

自分の苦しさをネットにつづっていた日々でしたが、父にパソコンのログインパスワードを勝手に破られ、日記を勝手に見られました。その数日後、父から「日記を見たぞ。兄を殴っておいたから」と告げられました。

当時19歳だったと思います。常に「死にたい」と考えてたのですが、その思いもプライバシーを勝手に暴かれた行為に強い怒りを覚え、より強くなりました。

落ちている時は、周りが灰色で、食事も味がわからず、兄妹とはギクシャクし、当時の友達には私の妄想で振り回し怒らせてしまったり……自殺未遂になりますが、沢山、死のうとしました。

三桁におよぶ薬を飲んでみたり、静脈まで腕を切ったり、夜中の線路に横たわってみたり……沢山の人に迷惑をかけました。友人も離れていきました。

それでも支えてくれた叔母や、信頼している主治医や数少ない友人が話を聞いて支えてくれたから、私は生きています。

24歳ごろ、なんとか状態が安定したので、お世話になって居た心療内科の通院が終わりました。そして、不安定だった私をずっと支えてくれた今の主人と結婚し、あこがれだった家庭を持ちました。私は、自分が小さかった頃と同じ事が起こらない様、この家庭を、居るだけで落ち着ける、癒される空間にしたいと、頑張ってきました。

けれど、色々あって5年後の29歳で再発。今も以前お世話になって居た心療内科に通院しています。

嫌な気持ちから逃げようと、お酒に逃げ、アルコール中毒一歩手前まで行きました。他にも、ストレスによる悪夢がホントに怖かった。夢の中なのに、触られる感じや体温もリアルだったので、文字通り、叫びながら飛び起きた夜もありました。

兄ですが、彼も違う面での被害者でした。幼少期から、父による「行き過ぎた教育」によって苦しみ、その歪んだストレスが私に向いてしまったと今となっては思います。私としては違う所にそのエネルギーを発散してほしかったです。今更ですが。

そんな兄にも、何も知らないお嫁さんが居て、家庭も仕事もあるので、私は訴えるなんて思えないし、非常に、やり場のない気持ちが無限に押し寄せてくるので、毎日が苦しいです。

性暴力は決して許されるものではありません。その人の人生をボロボロにしていく、とても許せない行為です。もし、自分の大切な友人や家族が性暴力にあったらどう思いますか？

私は加害者を許さないと思うし、裁かれるべきだと思います。今の刑法ではまだ足りない点があります。

だから、私は声をあげます。法務大臣へ、性犯罪における刑法改正を強く願います。そのためには、とある弁護士のお言葉ですが「世の中の皆さんの認識を変える事が大切」です。そして刑法改正される事で、私の「暗くて長いトンネル」も出口が見えてくるとそう信じています。だから私はあきらめず、声をあげ続けようと思います。

私の拙いスピーチを聞いてくださった皆さん、貴重なお時間を有難うございました。

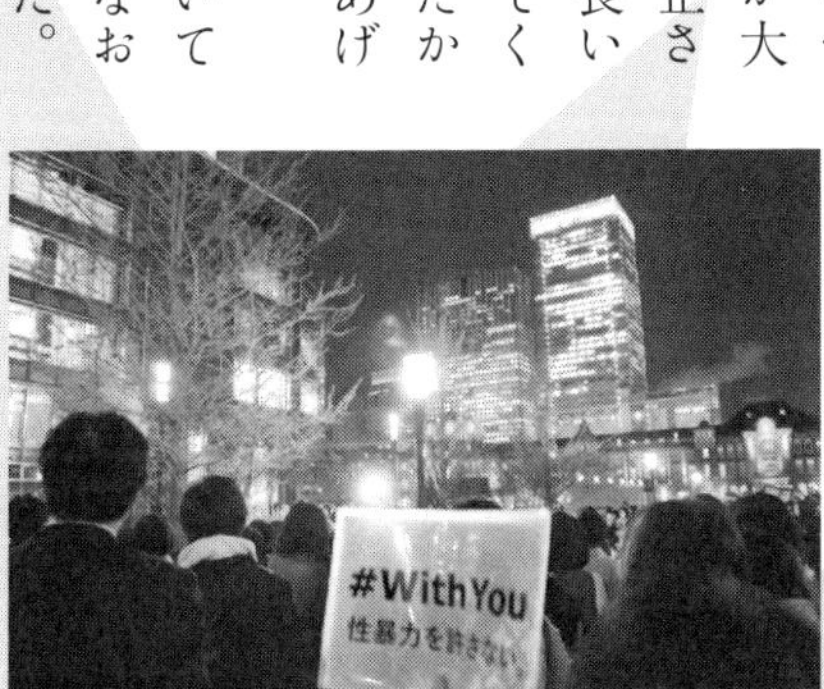

15

新潟

私はずっと性虐待、性暴力に対して声をあげ続ける必要があると思ってきた。声をあげなければ無かったことにされる。1984年「新潟のA子ちゃん事件」をきっかけに「女のスペース」をはじめた。A子ちゃん事件は、全国初の少女への強制猥褻が裁かれた事件だったが、当時新潟に女性弁護士はおらず、私たちは角田由紀子弁護士に依頼した。その後スペースには何人もの被害女性が訪れた。新潟少女監禁事件、糸魚川事件、そのたびに性にまつわる社会の偏見と差別に声をあげた。女性の3人に1人が何らかの性暴力にあっている。その1人は私でもある。昨年末、伊藤詩織さんが民事訴訟で勝訴した。嬉しいニュースだった。性暴力被害者は沈黙を強いられ、声をあげればさらに傷つけられる。しかし詩織さんは沈黙を破り、声をあげ、勝訴した。彼女に続く女性たちがいる。たとえ声は上げられなくても彼女の勇気を力に、回復の道を歩む人たちがいる。私も、彼女に続こう。恐怖は伝染するが、希望もまた伝染する。フラワーデモは希望だから、この声はとまらないだろう。

（石附幸子）

16

富山

私の地元は富山県ですが、現在県外で暮らしています。そんな私がフラワーデモ富山を開催したきっかけは、現在暮らしている場所でフラワーデモに参加し、「性暴力を許さない」「性暴力の責任は被害者でなく加害者にある」という声に勇気付けられ、そんな場を地元の富山でも作りたいと思ったからです。11月11日に初回のフラワーデモ富山を行い、6名の方々にご参加いただきました。12月、1月は私の都合で開催できない予定でしたが、フラワーデモ富山に賛同してくださる方々が「このデモを続けたい」と動いてくださったおかげで、途切れることなく開催されました。フラワーデモ富山は私一人の力でなく共同開催者の方々や参加者の皆さま、私に代わって手続きを行ってくれた家族の力があって継続されています。スタンディング、スピーチ、語りあいという多様な形で富山からも性暴力に抗議する声が上げられていることを、心から誇りに思います。

（吉岡星）

17 石川

２０１９年４月11日の東京駅前に、５００名近い女性が集まったとＳＮＳや新聞報道で知りました。３月に続いた性暴力事件に対する異常な判決に抗議する「フラワーデモ」だと。私にできることは？　と判決に対する怒りと抗議の気持ちをＳＮＳ上で「いいね」する日々をおくる中、各地に#MeToo #WithYouが広がり、近隣の富山、福井でも声があがり始めていきました。ＳＮＳ上の抗議は、ＳＮＳ普及率の低い石川ではなかなか表に出てきません。そんな時、親交のある先輩から「全国と同じように花を持って、１人でも２人でも集まって声をあげない？」と誘われました。まだ知識も熱量も足りないけど#WithYouの意志を込めてスタンディングしますと返事をしました。

フライヤーを作り、個人・団体のつながりやＳＮＳで２０２０年２月11日のアクションを呼びかけ。突然の呼びかけにもかかわらず金沢の開催場所には約30名が集まり、「やっと金沢でも開催してくれた」「性暴力は私の身近な問題」との声を聞きました。性被害が軽んじられる社会のままでいいはずがない。ここ石川で全国と一緒に#MeToo #WithYouの声があげられたこと自体大きな変化です。この一歩から広がりをつくっていけたらと思います。

（山下・中内）

18 福井

「ＦＤに行きたい、でも福井でやってない！」そう思っていた頃、12月にSpring代表の山本潤さんが福井駅前でスタンディングをするというTwitterが流れてきました。それを見て、「ついに福井でもやるんだ」「山本さんを一人で立たせてはいけない」と、何人かが当日集まりました。

この時の参加者たちの声で１月以降も続けることになったのが福井のＦＤです。１月11日、若い人たちや、男性も参加してくれました。通りすがりの人に思いを伝えられるように、手紙を結んだ造花を用意してくれた人もいました。福井ではスピーチはありません。スタンディングのみで、花やポスターをもって、おしゃべりしながら立っています。でも、何となく温かい雰囲気になり、「今日は嫌なことがあったけど、来てよかった」「皆さんに会えて良かった」と言って帰っていかれます。

福井のフラワーデモは、４月以降も続けようと言っています。ここでの温かな出会いから、性暴力がない社会をつくっていけるように。

（矢内琴江）

19

山梨

山梨でフラワーデモを始めた12月は、私の尊敬するジャーナリスト、故・松井やよりさんを偲ぶ月であった。性暴力不処罰の歴史にピリオドをと、不正・不平等に命をかけて「怒り」を愛と勇気に変え闘ってきた松井さんに「ファイト!」と、励まされたと想う。さらに、11月28日のSpring山本潤代表理事の講演では、絶望の感覚から生き延び社会を変える力へと当事者の語る言葉・行動力に強く共感した。スライドのスローガンがとても眩しかった。それは「2020年春、あなたの行動が刑法を変える、フラワーデモ47都道府県5000人」。講演会終了時には、「デートDV防止教育」に取り組む仲間と「12月のフラワーデモ」を決めた。準備時間は短かったがシスターフッドのパワーと各新聞取材の取り組みなどで初回は50人を超える参加であった。被害者に寄り添い社会を変える叫びの声を黙らせないよう、女性の健康と人権を守る「ジェンダートーク」の場を盛り上げていきたいと念じている。

(山梨女性ヘルスエンパワメントネット代表　伏見正江)

20-1

長野

何故無罪になるの?　その思いから半ば勢いで始めたフラワーデモ。いろいろな思いを持って参加してくださった皆さん。頼りないふわふわした私にいろいろ教えてくれた。このままじゃ変わらない変えなきゃダメだと。

11月のSpringさんのイベント、そこでの出会い、県内への広がり。思いが伝わることが何より嬉しかった。私は伝えたかったのだ。

3月で一旦フラワーデモは区切りを迎えるが終わりではない。私は声を上げ続ける。おかしいことはおかしいと。嫌なものは嫌だと。

性暴力被害者が泣き寝入りしない世の中に。
そして誰も加害者にも被害者にもしないために。
刑法性犯罪の改正を実現させるために。

気づきを与えてくださったフラワーデモ関係者の皆さん、フラワーデモ長野に参加してくださった皆さんに改めて感謝します。

(水野美穂)

20-2

松本

長野県松本市では11月からのスタートでした。それまでも各地のフラワーデモを応援する気持ちでいましたが、自分も動かなければと思った大きなきっかけはあいちトリエンナーレの表現の不自由展の一件でした。性暴力の被害者の方に共感を寄せることをまるで悪いことであるかのように言い立てる声の大きさに憤りを感じ、とにかく何かしなければという気持ちでいた時に、同じ県内の長野市でもフラワーデモが行なわれていることを知り初めて参加しました。地元でも行うことを決めたのは、長野市の主催の方が最初はお一人で立っていたというお話を伺ったからです。

ごく少人数でのスタンディングでしたが、少人数だからこそ来てくださる方ひとりひとりの勇気に私自身がいつも励まされました。人が少ない田舎でやっても無駄かもしれないと弱気になったこともありましたが、同じ気持ちでいる仲間が身近にもいると知れただけでも無駄ではなかったと今は思えます。参加して下さった方々に心から感謝致します。

（中村英子）

21

岐阜

フラワーデモでは、たくさんの勇気と真実に触れました。スピーチの中で、被害を語られる方は多く、特に年配の方は、言えなかった過去を掘り起こすような、そんな感じを受けました。少し年齢が若くなると、被害体験を語る方は比較的少なく、スピーチはできないけど思いを寄せたいと参加された方もいました。男性のスピーチもありました。

「デモ」というものにはじめて参加した、という方も何人もいました。「デモ」と聞くとシュプレヒコールをあげ街中を歩くというイメージですが、雰囲気もやることも違い、デモに参加するハードルを低くできたように思います。公の場なのにとても安心感がありました。発言したことに対して否定されたり、道行く人に言葉を投げつけられたりすることもありませんでした。フラワーデモの周りで思い思いの時間を過ごしている人たちも黙って、静かに耳を傾けてくれていたように感じます。優しい時間を作り上げることができて、参加していただいたみなさん、支えていただいたみなさんに感謝しかありません。

（廣瀬政美）

22-1

静岡

静岡地裁浜松支部で、強制性交等致傷罪に問われた男に無罪。静岡地裁で、娘への性的虐待で訴えられた父に無罪。

静岡のフラワーデモは、2件の無罪判決に後押しされる形で、「静岡から声を上げよう」と始まった。言い出しっぺは大学教員とひとり親支援団体の職員、新聞記者という取り合わせ。大阪や東京の盛り上がりを横目に、静岡らしいあり方を探った。静岡の県民性を一言でいうと「決められたことに従順」「けんかはしない」。最初はどのぐらいが集まるか、わからなかった。「しゃべらなくてもいい」「花を持って立ってるだけでいい」と繰り返し呼び掛けた。

主催者が知人らに声をかけたため、1回目は助産師や教員、支援団体と、当事者より「関わる人」が多かった。そんな中、ある女性は息子の中学校であった教師のセクハラを告発し、大学生は身近な性被害について語った。参加者は約20人。やむにやまれぬ思いを抱えていた女性が静岡にもいる、その声を上げ続ける場が用意されていることが大切なんだ、と感じた。

以後、雨や寒さにたたられ、断続的な開催だったが、なんとか続けてきた。北原みのりさんが来て下さった11月も、とても寒くて1時間半で切り上げた。2月には11人がさみだれに訪れ、何人かは「最終回になると思って、初めて来た」「性被害にあってから引きこもっていた。久しぶりの外出」と話した。マイクは持たず、車座になって、ポツポツと自分のことを話す。外から見ると、ただの立ち話に見えそうなささやかな「場」に、集まってくれた人たちに感謝したい。

静岡は相変わらず男尊女卑の風潮が強く、教員によるスクールセクハラや盗撮、県警の女性子ども安全対策室長による女性記者へのセクハラなど、ブラックジョークにもならないサイテーなことが続いている。最初に挙げた二つの訴訟も検察側が控訴せずに確定してしまった。だからこそ、黙って立つだけでもいい、抗議し続けなければ、と思う。

22-2 静岡東部

東京から始まったフラワーデモが各地に広がる中で、自分たちの住む町でもフラワーデモがあれば参加できるのにと、同じ思いの友人たちと実行委員会を立ち上げ、沼津中央公園で静岡東部フラワーデモを開催することを決めました。

第1回目、11月11日は、寒いなか20人ほどの方が集まりました。ギターの優しい音楽が流れる中で、小学生の子どもへの痴漢行為、母親の再婚相手や、肉親から受けていた性被害などを、とぎれとぎれに、絞り出すように話す人たちがいました。子どもなど弱い者への性犯罪は、大人になっても傷は癒えていません。身近な人に話したことで、より一層傷ついた体験も語られました。

4月からの活動はまだ模索中ですが、刑法を変えること、そして性被害者の支援の仕組みを公的に保障させる活動を続けていきたいと思っています。

（吉川清里）

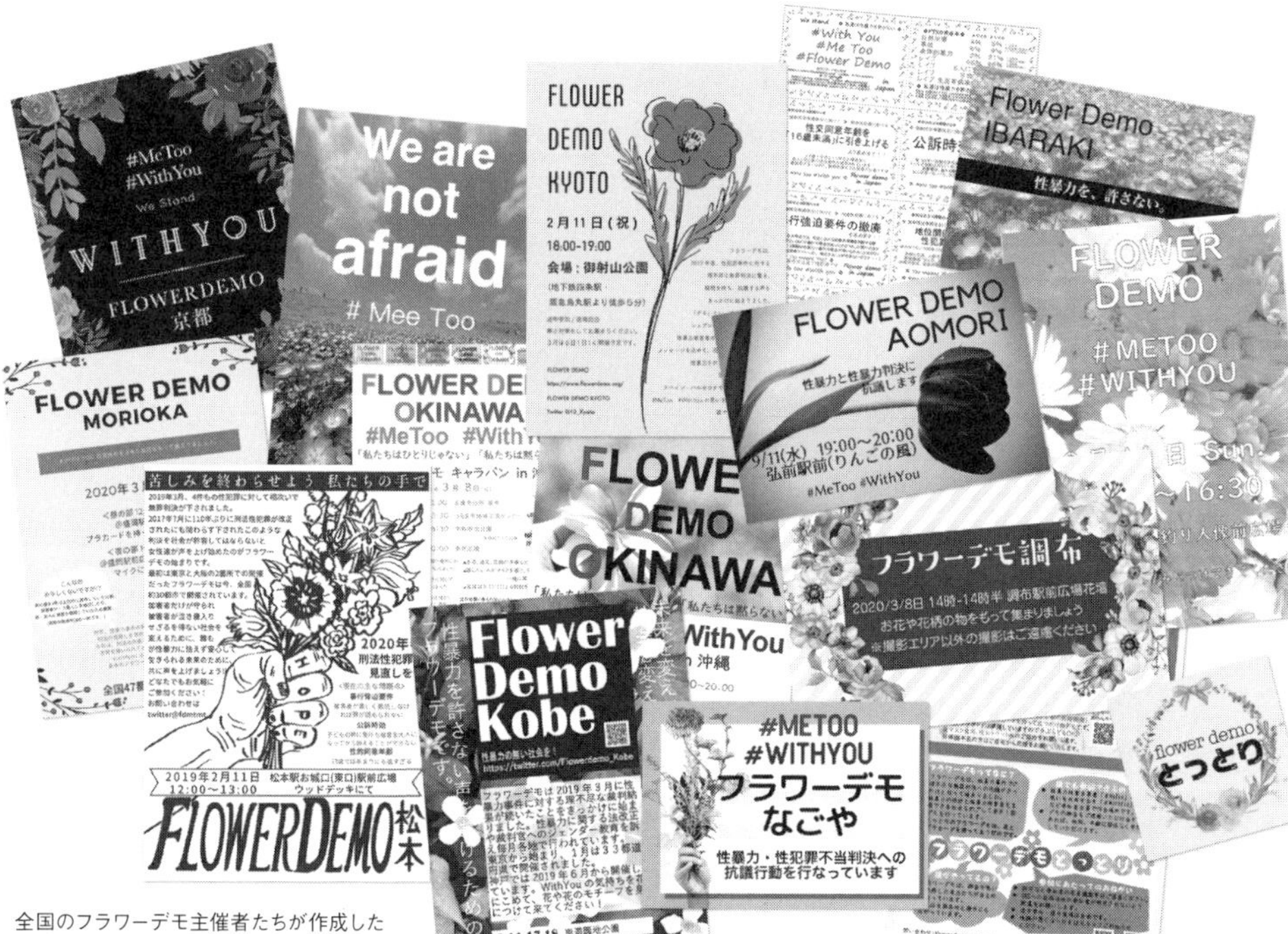

全国のフラワーデモ主催者たちが作成したチラシやプラカード

23 名古屋

2019年3月半ば、私は「韓国の#MeToo#WithYouスタディツアー」から戻ったばかりで少し高揚していた。韓国の#MeToo運動は今に始まったことではない。長い民主化運動の歴史の中で、女性の人権運動も鍛えられてきた。今ある数々の性犯罪関連法と現状、被害者支援の制度と体制、性暴力相談所、ワンストップセンター、十代女性人権センターなど、訪ねて学び、知るほどに聞くほどに思い知らされるのは、女たちが長い時間をかけて、諦めないで声をあげ、社会を動かしてつかみとってきたものだった。

性犯罪関連法だけみても飛躍的に法改正を繰り返している韓国。現状に合わせ、実情にそった変化をいとわないところは羨ましいかぎり。110年ぶりの刑法改正にやっと動き始めた日本の現実に、気の遠くなるような落差を肌で感じていた。

ツアーの余韻が残る中、地元名古屋地裁岡崎支部と静岡地裁で、実父による娘へのレイプ犯罪（とあえて言う）裁判で、ありえない無罪判決が立て続けに下った。「レイプで無罪なんておかしい！」やっと性犯罪に対する当たり前の声が吹き出した。その声が、#MeToo #WithYouへ、フラワーデモへと、引き金になっていった。

北原みのりが「いても立ってもいられない。4月11日、花をもって集まりましょう」とTwitterで呼びかけた時、そう！　その一言を待っていたと私たちは動き出した。

フラワーデモが大阪・福岡でも開催されると一躍全国の注目を集めて、特に岡崎判決があった名古屋からの問い合わせが相次いだらしい。

6月、フラワーデモ名古屋は久屋大通公園希望の広場で始まった。まさか自分が呼びかけ人になると思ってなかったけど、誰かが始めないと始まらない。「大丈夫よ！」北原みのりの一言で腹を決めた。名古屋のスタッフは17名。学生や社会人、弁護士や教師、団体職員など多様な個人でつながり開催に動いた。

十代から中高年まで、中高生や大学生、世代を問わず女性も男性も、性別にかかわらず、毎回多くの参加者が足を運んで、そして自分のことを、声を届けようとしてくれた。

性暴力が封じ込めてきた声を出した人、WithYouがある

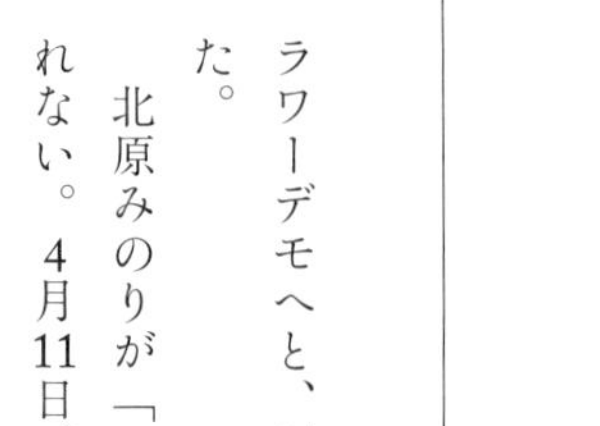
#MeToo
#WithYou
FlowerDemo
Nagoya
FLOWER DEMO NAGOYA IS PROTESTING AGAINST
FOUR SEXUAL ASSAULT CASES.
WHICH ENDED UP WITH NOT-GUILTY VERDICTS.

から声に出せた人、黙らなくてもいいと思えた人、そんな出会いを生む場になったなら、やってきた意味がある。やってきて本当によかった。

私たちはもう黙らない。フラワーデモはその行動。泣き寝入りを強いられない社会にしたい。声をあげた人が孤立することのない社会にしたい。そんな場を私たちは持てなかったし、持つことすら怖かった、でも持ちたかった。それが必要だった。

私たちが黙ることは、誰に都合がいいのか？　被害の向こう側には加害者がいる。そんなかれらを許しているから同じことを繰り返す。そんなことは許さない、許されない社会にしていくしかない。今、そんな社会を変えていけるかもしれない、そんな希望を感じる。

私たちの言葉と行動が、実態にそぐわない、遅れた性犯罪刑法を変えていく、今がその時。

私たちはもう黙らない。未来を変えていくために、社会を変えていくために。

性暴力を許さないと、声をあげる機会を生み出してくれたフラワーデモに感謝する。

（具ゆり）

24 三重

フラワーデモ三重のきっかけは、身近な地域に自死した性被害者の方がいたことを知ったことだった。壊れそうな震える足で東京のOneVoiceフェスに行った。

山本潤さんがお話の冒頭に

「自死した性被害者の方々にお悔やみを申し上げます」

と言われていて、やっと人の心に出会えたようにほっとした。北原みのりさんとフラワーデモ長野発起人の方の話を聞きながら、性被害で十年帰れずにいた郷里と繋がれたようで泣きながら聞いた。その夜、帰って翌日フラワーデモ三重を立ち上げた。

サイレント・スタンディングで、チラシ、ティッシュ配布、花や横断幕、OneVoice集め、カンパなど、参加者の方々が協力して下さった。語り合いでは、言いたくても言えない思い、裁判の現実、報道の難しさなどを話した。国会議員、県議会議員、市議会議員の方とお話し、朝日新聞、赤旗の取材を受けた。

当事者の思いを全国と地元と繋がれて、性被害者の命を救うようだった。

（長田伊央）

スピーチ

2019.7.11 名古屋

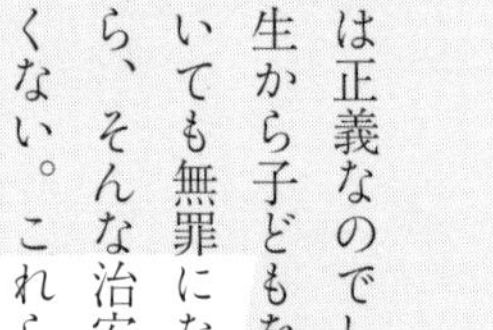

弁護士の岡村晴美といいます。弁護士になって10年余り。事件の8割はDV事件。残りの2割で、セクハラ、パワハラ、いじめ、性被害といわれる事件をやってきました。

フラワーデモのきっかけとなった4つの無罪事件について、無罪という司法判断にも驚きましたが、一部の弁護士たちが、無罪判決を批判する人たちを批判して、フラワーデモを侮辱的な言葉であざわらう言葉をSNSで発信していることについて我慢なりません。同業者だからこそ、今、意見表明しなくてはならないと考えてここに立ちました。

岡崎の無罪判決が出て、私は打ちのめされました。中学2年生から繰り返し強姦されてきても加害者は無罪か。どんな国だよ。これが先進国かよ。恥ずかしいって、思いました。その一方、あぁでもそうか。ジェンダーギャップ指数、149カ国中110位（当事）の国だったわ。こんな判断が出ても世界は驚かないかもしれないな。女だからって理由で、入試でも差別されるような国だったわ。そんな自虐めいたことを言ってみても、ずっと呼吸が苦しくて。涙がほほを伝うのです。

「感情的だ」「ヒステリックだ」という批判は甘んじて受けましょう。女が意見を言えば必ず出てくる言葉です。聞き飽きています。でも、感情をなくした「論理的な議論」は正義なのでしょうか。中学2年生から子どもを繰り返し強姦していても無罪になるのが法治主義なら、そんな治安の悪い国に住みたくない。これらの事件が無罪になるならば、同意のない性行為を有罪とする法改正を行った方が良いという議論が出てしかるべきだと思いますが、彼らはそれすらも叩く。

この事件は私にとって他人事ではありません。感情をなくすことなんてできません。

幼い時から、繰り返し、性虐待を受けてきた子ども達は、世間が思っているよりたくさんいます。被害を受けている真っ最中だったり、3年後だったり、10年後だったり。私は、色々なタイミングで彼らに関わってきました。小学校の頃の性虐待、中学になってその意味を知った子。記憶を封印して大人になってから、フラッシュバック、重篤な後遺障害を発症した方。学費を出してもらうため、もしくは、家庭の平穏を保つため、性虐待を受け続けてきた子。

性虐待の事案で、加害者と一緒にいるときに被害を訴えることなんて現実問題無理なんです。加害者から離れてようやく被害を声に出すことができた時には、証拠がない、時効が成立していることがほとんどです。性被害を受けているそのリアルタイムで声が出せたとしても、幼くて、うまく表現できない。うまく表現できたとしても、何度もその話を繰り返すことが二次被害になってしまう。

岡崎の無罪判決は、こうした経験をしてきた私の大切な依頼者の心を壊しています。この判決以後、心が苦しくなり、体調を崩しています。実際に、です。加害者の否認、被害の過小評価、責任転嫁は、被害者にとって「暴力」そのものです。それを追認する司法裁判もまた「暴力」ではないでしょうか。性被害は、魂の殺人と言われますが、被害者は、何度殺されたらいいのでしょう。

「判決文も読んでいない段階で」「素人が」という批判がされていますので、私は、4つの事件の判決文のすべてを読みました。その上で、私は、いずれの無罪判決も、今の法律の枠組みでも有罪とすべき事案だったと思います。刑事裁判では、どのような事実があったのかを確定する「事実認定」の段階と、確定した事実を法にあてはめて罪に問えるかという「法的評価」の段階があります。4つの無罪事件のうち、12歳（事件当時）の女の子の証言の信用性がないと言われた静岡地裁の事件以外の3つの事件は、いずれも同意のない性行為があったという事実認定をしています。この事実認定は、10年間性被害事件に関わってきた私から見ると、この10年の間にずいぶん裁判官の性被害事件に対する認識は進んだなという感想をもちました。何しろ、10年前には、DVのことをDVDと言い間違う裁判官すらいたのです。この事件が10年前に起訴されていれば、「黙っていた」＝「同意があった」と認定されていたのではないかと思いますし、10年前には起訴すらされていなかったのではないかと思うのです。

では、どこから間違ったのか。「法的評価」の際には、その法律をどう理解するかという「法解釈」と、「経験則」が問題となります。「経験則」とは、裁判官の考える常識のことです。岡崎の事件は、継続的な性的虐待を通じて加害者が被害者を精神的支配下に置いていたという精神科の医師の鑑定書を信用できるとしています。それでも、法的評価としては抗拒不能の状態に至っていたと断定するには合理的疑いが残るとして無罪としました。この判決の間違いは、抗拒不能の要件を狭く捉えすぎているという点と、専門的知見を軽視し、継続的な性的虐待を通じて加害者から精神的支配下に置かれている被害者心理の理解不足、という「経験則」から生じたと思います。

福岡地裁の事件と静岡地裁浜松支部の事件の誤りは、テキーラを飲んで泥酔した女性が性行為に応じるだろうとか、コンビニの駐車場という場で初めて会った男との性行為に応じるだろうという、女からしたらありえない、「男の妄想」を「経験則」として尊重したことから生じた間違いだと思います。高等裁判所の判断を待ちたいと思います。

12歳の女の子の証言の信用性がないとされた静岡の事件についても言いたいことがあります。この判決は、狭い家に家人が隣の部屋にいて気づかないはずがないことを根拠としていますが、私の経験では、DV家庭で、隣に兄弟姉妹がいても、性虐待が繰り返された事案は、全然あります。児童虐待やDVの事件をやっている人なら全員わかっていることです。「普通は……」とか、「常識的に見て……」とかいうことは通じない、ありえないことが起こるのが、児童虐待でありDVの現場です。これは「事実認定」の段階で、「経験則」を誤ったことが導いた無罪判決だと思います。

3つの事件は控訴されていると聞いています。

私は、司法に正義があると信じて、性被害事件や性虐待事件をたたかってきました。山火事を消そうと、小鳥が口に水をふくんで運ぶようなことかもしれないけれど、私は、私の持ち場で、これからも頑張っていきたいと思います。皆様、聞いて頂いてありがとうございました。

スピーチ

2020.2.11 名古屋

　私は今、中学1年生です。小学5年生の時に、中学1年生の、顔見知りの男の子から、性器を触られるという経験をしました。その出来事の後、私は誰にも相談できず、とても苦しい思いをしました。

　もしかしたら、自分が悪かったんじゃないか。あの時、逃げれたんじゃないか。ついて行かなければよかったんじゃないか。すぐに誰かにいっておけばよかったんじゃないか。大きな声を出して、蹴り飛ばしてやればよかったんじゃないか。

　でもあなたも悪かったんじゃないの？　と、誰かに言われたくなくて、誰にも相談出来ませんでした。とても苦しくて、誰にも知られずに、消えてしまいたいと思うようになりました。長い間、どうすれば消えてしまえるか、色んな方法を調べました。

　でも、そんな自分が怖くなって、エイヤーと言う気持ちで母に伝えました。出来事から、2年経っていました。母は、私に起きた出来事を、とても驚いていましたが、辛かったね、と抱きしめてくれました。私は「ああ、あの時死ななくてよかった、言い出せてよかった」と思いました。

　あいつがしたことを、絶対になかったことにはしない。私が、言わずに死んでしまえば、なかったことになってしまう。だから、相手が少年で、刑罰をあたえられないとわかっているけど、警察で証言しました。思っていたより大変で、これからまだ大変ですが、今やれることを、今、一生懸命しようと思っています。

　私は、このデモに参加して、自分だけじゃないんだって、ほっとしました。だから、こんな子どものわたしが、声をあげたら、きっと、誰かに届くんじゃないかと思って、ここに立っています。

　伝えたいことはひとつです。身近なひとじゃなくてもいい、信頼出来るだれかに、話してください。言ったらスッキリするかというと、残念ながら、そうではありません。でも、わたしは今、眠れるようになって、とても楽になりました。そして、次の生き方を考えられるようになりました。だから、あなたも、きっと大丈夫です。

　そして、もし、こういった話を相談された人、それはあなたが信頼出来る人だっていうことです。よく話してくれたねって、言ってあげてください。辛い気持ちを、半分こしてあげてください。それだけで、とてもラクになれます。どうか、一緒にいてあげてください。

ありがとうございました。

25 滋賀

今でも思い出すと心が痛みます。

私は1980年から、主に精神科領域で相談を受ける仕事をしてきました。「性暴力」や「性的虐待」という言葉が、ほとんど使われていなかった時代。あるとき、父からの性暴力を語ってくれた患者さんの話に衝撃を受けました。彼女は淡々と言葉少なに語った後、再び過去を封印するかのようでした。1991年になって初めて『誰にも言えなかった――子ども時代に性暴力を受けた女性たちの体験記』（エレン・バス、ルイーズ・ソーントン編、森田ゆり訳）が翻訳出版され、ようやく社会の中でも少しずつ、この問題に焦点があたるようになりましたが、専門書が世に出るようになったのはもっと後になります。振り返ると、問題行動や妄想を含む症状の背景が気になる方は何人もおられ、気づいてあげられなかったことに本当に申し訳ない気持ちでいっぱいです。

今回、彼女たちの声なき声を思い浮かべながら駅前のデッキに立ち、性暴力や性虐待に「NO」を呼び掛けたいと思います。

（奥田由子）

26 京都

フラワーデモの新しさのひとつは、「デモ」と「コンシャスネスレイジング（CR）」を両輪とする実践にある。CRは第二波フェミニズムのなかで生まれた運動で、本来は小さなグループのなかで参加者が個人的な経験を語りあい、それを意識変革へと昇華させていく手法である。フラワーデモは司法判断に対する抗議を起点としながらも、その巨大なうねりにさらに強度を与えたのは、参加者どうしの痛みの分かちあいに他ならなかった。

デモの内容が開催地によって大きく異なることはよく指摘されてきたが、それはフラワーデモがこの二つの役割を負っていたためだ。明るい時間帯にターミナル駅の駅前でプラカードを掲げるのは、多くの人にアピールすることを重視した「デモ型」のフラワーデモといえる。これに対し、京都は当初より「CR型」だった。

2019年8月に始動した京都フラワーデモは、2020年3月までに計8回実施された（うち1回は大阪との共同開催）。会場は中京区の御射山公園である。公共交通機

関からのアクセスがよく、観光客に人気の錦市場にも近いが、どちらかというと目立たない小さな公園だ。隣には男女共同参画センター「ウイングス京都」があり、秋雨に見舞われたときにはその軒下を借りたこともあった。参加者の安心と安全を最優先に考え、夏季はおおむね19時、冬季は18時スタートとし、夜の暗がりのなかでゆるやかに参加・退出できるような環境づくりを心がけた。

主催メンバーのほとんどは、5月と6月に大阪のフラワーデモに参加している。そこで語り手と聞き手との共振によって生まれる創発的な連帯に大きな可能性を感じたことも、京都フラワーデモを「CR型」に近づけたように思う。刑法改正をゴールとして掲げる開催地も多いなか、京都の目標は「性暴力を許さない社会」へと収斂されていった。デモの場で開示されるのは、被害者の痛みのほんの一端に過ぎない。しかし、ある人は、黒地に花の絵が描かれた京都フラワーデモのプラカードを眺めながら、「暗闇のなかに最後の希望のように花が咲いている。私にとってのフラワーデモそのものだ」との言葉をかけてくれた。そうした時間を共有することで、多くの種が蒔かれていった。

私自身がフラワーデモに立ち会いながら、何度も思い出した出来事がある。もう10年以上前のことだが、性暴力について初めて小文を書いたところ、福岡の介護福祉士の方から勉強会の資料として利用したいとの連絡をいただいた。私の文章は介護とも高齢者とも直接関係がなかったので、なぜ関心を持ってくださったのかと尋ねると、介護施設に入所した高齢者のなかには、かつての性暴力被害を職員に向かって語り始める女性が少なくないのだと聞かされた。人生の最晩年、家族や地域と離れ、他人と生活するようになって初めて打ち明けられる被害。いったいどれだけの被害者が、すべてを記憶の底に沈めたまま亡くなっていったのだろう。電話口の方は、「職員は仕事に追われているし、突然の話に戸惑ったりもして、きちんと聴くことができないんです」とおっしゃっていた。

フラワーデモは、語ることで前に進みたいという人たちと、それに耳を傾けようとする人たちがもたらした地殻変動だった。これまで聴き取られることのなかった無数の声もまた、それを後押ししてくれたのではないかと感じている。

（山本めゆ）

27

大阪

大阪のフラワーデモを今の中央公会堂の向かいで始めたのは5月11日でした。意識して選んだわけではないのですが、たまたま川を挟んで正面に大阪弁護士会のビルがあり、そちらに向けてスピーカーで話すという形になりました。私は今までデモなどの社会運動に参加した事がありませんでした。

性暴力の悲惨なニュースに胸を痛めながらも向き合う事を恐れ、私よりも賢い人が、私よりも弁のたつ人が、きっとなんとかしてくれる……と願っていました。5月にフラワーデモを行うことで、自分も変えたい社会の一部である、という自覚がようやく芽生えたように思います。

一人、また一人と、言葉を詰まらせながらスピーチする、何年も前のことだけれど昨日のことのような体験談。言葉と言葉の間にある沈黙に、苦しんだ月日が詰まっているような気がして、胸が締め付けられました。

「フラワーデモにいる時だけが息ができるような気がします」と参加者の方に言って頂いたことがあります。

息もできない社会から逃れ、またその社会を変えるために、皆で寒い日も暑い日も花を持ち心を寄せ合いました。

胸が重くなると同時に、包まれるような安心感のある不思議な空間でした。

誰かのスピーチが誰かを傷つけてしまうことがあること、安心な場所であると同時に社会へ声をあげる場でもあるため、どのようなスタイルにすることがベストなのか……など、どうしたら参加者の方の安心感を守ることが出来るかに悩みあぐねて、答えがでないまま、一旦終わりを迎える形になりました。

頼りない主催者で皆様にご迷惑をおかけしたこともあるかと思います。

この場を借りてお詫び申し上げます。

少しでもフラワーデモ大阪が安心できる場所であったなら幸いです。

（山口敦子）

28-1

神戸

私は留学先で2019年3月に相次いだ性暴力事件の無罪判決を知りました。性暴力に寛容な日本社会を目の当たりにして憤り、居ても立っても居られなくなって帰国後すぐに7月の神戸フラワーデモに参加しました。そこで実際に被害に遭われた方々の生の声を聴き、3月の事件は氷山の一角で、性暴力や構造的なジェンダー差別は私たちの生活に深く根を下ろす問題なのだと実感し、何かしなければと強く感じました。8月からフラワーデモ神戸のスタッフとして関わり始めましたが、最初は自身の拙い司会に「本当に参加者が安心できるフラワーデモになっているのか」と不安でいっぱいでしたが、「勇気を出してフラワーデモに来て良かった」「自分は一人じゃないんだと思えた」という声をかけて頂き、やってきて良かったと思えました。また、全国各地で新たにフラワーデモが開催されているのを知り、フラワーデモの広がりを感じるとともに、性暴力問題が社会問題として顕在化してきていることに主催者の一人として達成感を感じています。でも、まだまだ課題は残されています。今後も性暴力やジェンダー差別の問題を無くすために色々な形で取り組めたらと思います。（清水愛）

28-2

明石

5月大阪、6月神戸のフラワーデモに参加しました。Xジェンダーである性暴力サバイバーとして私は地元に帰って7月、敢えてサイレントのスタンディング・デモを始めました。私は、被害者のスピーチは「勇気」から行われるとは限らないと思っています。多くの人に話すことは自分を傷つけることになる可能性があります。スピーチ後、専門家のケアが必要だとも思っています。法改正が行われれば多くの被害者は救われ、犯罪の抑止力にはなると思いますが、ひとりひとり根本から意識を変えなければ性暴力はなくならない、そのためには地道な意識づけが大切だと思います。性的少数者の性暴力被害者は自分のセクシュアリティを説明するのが困難であるため誰かに相談することもできない人が大多数です。自己肯定感が低く被害を受けても自分を責める人も多いです。全てのジェンダー、セクシュアリティに対する性暴力のない社会へ。デモ参加者の方々や街ゆく市民にメッセージが伝わっていればいいなあと思っています。

（レインボー明石アクション　たかはしあっこ）

29 奈良

フラワーデモを奈良で始めようと思ったキッカケの一つに私や私の周りでジェンダー間の差別にあったことがある人や性暴力にあった過去がある人がおり、私も声を上げたいと思っていた際に大阪でのデモに参加し勇気を貰い、大学のある奈良で一人でも良いので開催したいと思い、始めました。初回のフラワーデモ奈良は10人の方に参加頂きました。

デモを開催／継続するにあたってお手伝いいただいた方、参加者の方がいて下さったことでこのフラワーデモを奈良で開催／継続することが出来ました。本当にありがとうございます。

いつかこのデモがなくなり次の世代の子供たちに「こんなデモがあったのよ」と伝えられるような、そんな安心できる社会になることを切に願っています。

（飯沼莉子）

30 和歌山

女性にとっては理不尽と思える昨年3月の性暴力事件に対する無罪判決は、多くの女性に怒りを覚えさせたのだと思います。その怒りがフラワーデモといううねりとなって、日本全国に広がっていく様子を、私は報道等で目にするたびに、自分もともに声を上げたいと考えるようになっていきました。しかし、まだまだ保守的な和歌山県において、私一人が声をあげても何も変わらないのではないかという不安が強くなかなか声をあげることができませんでした。でも、他県の方が一月と二月開催してくださり、じっとしていては何も変わらないと思い私も三月から「フラワーデモを和歌山で」と思い切って声をあげてみると「応援したい」と言ってくれる人や「一緒にやりたい」と言ってくれる人が次々と現れました。「同じ思いを持つ仲間がこんなにたくさんいる」この熱い思いをフラワーデモを通じて社会に訴え、人々の意識を変えるとともに、これまで、声をあげることのできなかった人々を勇気づけたいと強く願っています。

31

鳥取

２０１９年４月に東京でフラワーデモが始まり、月ごとに大都市をはじめ全国で広がりを見せる中、鳥取県は長くアクションを起こせずにいました。東部・中部・西部に分かれていて行き来が難しいインフラの問題。人が少ないこと。そしてなにより、地域特有のコミュニティがあること。近所の誰もが顔見知りで、互いに寄り添って暮らす私たちだからこそ、声を上げることに大きな困難や痛みを抱えてきました。

それでも先日、２０２０年１月にはじめて米子・鳥取でデモを実施したとき、合わせて72人が集まりました。第２回の２月は合計で85人を超えました。地方の、まして全国でも最も人口の少ないこの県において、ほとんど想像を超えるような人数です。

「やっと鳥取でもフラワーデモができるんですね」と万感の思いを込めて呟いた人、「ものすごく緊張した」と言いながら、報道カメラに撮影されることを自ら選んだ人。年齢や性別や立場を超えて、私たちは集まりました。

私たちはここにいます。心も体もばらばらにして、人としての尊厳を踏みにじる性暴力と、それを取るに足りないこと、なかったことにしようとする周囲の圧力、ふたつの暴力に世代を超えて苦しめられてきた私たち。そして、苦しむ被害者たちに充分に手を差し伸べることができず、素知らぬ顔で日常生活を送る加害者たちをとめることができなかった私たち。

私たちはもう黙りません。黙らせようとする力に屈しません。この鳥取という小さな町に今も存在する性暴力をなくすために、これ以上この町から性暴力に人生を壊される人を出さないために、私たちはここに立っています。

３月の鳥取県でのフラワーデモは、鳥取・米子・倉吉で開催されます。私たちの連帯を全国に届けましょう。私たちはここにいます。私たちの声を届けましょう。私たちはもう黙りません。

（フラワーデモとっとりの会／３月の声明文より）

32 島根

山本潤さんから「3月に全都道府県で開催したいのですが、実施で島根県など3県が未定です」というメールが2020年2月3日に届きました。これは「何としてもやらねば」と、すぐさまメンバーに確認し、2月と3月の開催を決めました。あとから「知っていたけれど、どうしていいかわからなかった」と、皆言いだすのを躊躇して悶々としていたことがわかりました。

それからは花を手配する人、FBやツイッターで広報する人、駅に交渉する人、ポスターを作る人と自発的に担当が決まり、当日を迎えました。場所に行くとなんと東京からSpringのCocoさん、兵庫や鳥取からも参加があり、記者さんも含めて約30名の参加がありました。Cocoさんの司会で、思い思いの言葉を語った1時間でした。

フラワーデモでは、参加の皆さんから「刑法改正を」「声を出せない被害者がいることを知ってほしい」などの大きなメッセージをもらいました。「控え目で地味」と言われる島根の女性ですが、被害者とともに声を上げていきたいと思います。

（しまね性暴力被害者支援センターさひめ　河野美江）

33 岡山

私が所属しているセンターでH29年にSpring代表山本潤さんにご講演をいただき、そのご縁で2019年12月「#MeTooで変えよう！刑法性犯罪」OneVoiceキャンペーンを岡山で一緒に開催し「岡山でもフラワーデモをやって欲しい」とお声掛けいただき、3月8日に向けて活動を開始しました。参加者が安心して想いを語るためには、通行人とぶつからないなどの安全が確保されなければならず、ある程度の広さがある岡山駅東口周辺が最適でしたが、場所選びは難航しました。他都道府県がどのように開催場所を決めて、許可を得ているのかなど分からず、山本さん、地元の議員に相談しアドバイスを得て、岡山駅東口周辺で開催できる運びとなりました。「フラワーデモおかやま」を通して、盗撮、痴漢被害も性暴力であり、性暴力被害は特別なことではなく私たちの日常で起きていること、誰もが被害者になり得ること、社会には性暴力被害に対する誤解や偏見が蔓延しており被害者が苦しんでいること、誤解や偏見を恐れて被害を打ち明けられず一人で抱え、苦しんでいる人がたくさんいる現状や「性暴力被害に対する誤解や偏見が蔓延した社会を変えていく力が私たちにある！」ことを伝えたいと思います。

（片山文）

34-1

福山

2019年8月11日　広島県福山駅前で、初めてのフラワーデモを開催しました。

猛暑日。駅前通り、涼を求めて日陰を探し、スピーチや歌、ダンス、ハンドベル演奏と、とても楽しいひと時を過ごしました。

ツイッターを見て来てくれた人、チラシを見て来てくれた人、全国のホームページからたどって来てくれた人、福山で従軍慰安婦の活動をしているグループ、その他呼びかけにこたえてくれた子どもや女性の人権の活動をしているメンバーを含め、約30人が集まり、性暴力と差別のない社会を目指して繋がり合いました。スピーチはとても多岐にわたり、スクールセクハラ、ポルノ被害、痴漢、覗き、2次被害、男性優位社会の問題、社会の中の格差、DV、戦時性暴力など、様々な視点からの提起がありました。その後は、2月11日、6人の男女が集まり、福山駅前で、スタンディングデモを開催しました。この日は寒かったので、お日さまの当たる場所を探して、プラカードで静かに表現しました。再開を誓い合ってお別れしました。

（奥野しのぶ）

34-2

広島

広島市では3月8日午前10時から、市中心部の原爆ドーム前で行います。きっかけは、近親者からの性的虐待体験を持つ女性ピアミーティンググループ「oneness」（広島市）の代表女性の「広島市でもフラワーデモをしたい」との一言でした。2月中旬に有志数人で動き出し、広島市の「social book cafe ハチドリ舎」の女性店主に相談したところ、ハチドリ舎主催のイベントとして立ち上げ、〝フラワーデモ（FD）後にハチドリ舎でランチ交流〟という形でやろう！　と決まりました。広島FD実現のきっかけとなったoneness の代表女性のメッセージを紹介します。「女性をばかにするな、との強い思いを持っています。現在の刑法の性犯罪規定は被害者にとって厳しすぎます。また、性暴力はなかったことにされ続けてきました。しかし、子どもたち次の世代のために行動しないといけないと思うのです。被爆地広島の人たちが平和を祈るように、嫌なものは嫌と言える社会が来るよう、祈りを届けたいです」

（柏木友美恵）

＊広島では、3月8日午後2時から、広島本通り電停前でも開催されました。

35 山口

尊敬している方に山口でフラワーデモをする人がいないみたいで……と言われ、軽い気持ちでやってみますと返事をしたことがきっかけである。

日々見聞きする大小の性差別や性暴力に対して、「なんかおかしい」「やっぱりおかしい」というくらいのやんわりした感じや、「絶対に許せない」「信じられない」という様々な感じをもつ。このような私の「感じ」や「気持ち」を表現する場の一つとしてフラワーデモを捉えている。

保守的で何かと閉塞感を感じる山口県では難しいかもしれないが、なんか変だなぁと、自分なりの「声を出す」ことはとっても大切なことではないだろうか。

SNS上のフラワーデモの繋がりや全国的な動きは、過疎地に暮らすものに、明るくオシャレで、何か希望のようなものを感じさせる。誰もがいきいきと生きられる社会を目指して、フェミニストや専門家ではなくても、気軽な気持ちで自分の思うことを表現する小さな一歩が増えたらいいなぁと思う。

（カンユナ）

36 徳島

昨年4月以降、フラワーデモで当事者がマイクを握って語る姿に大きな衝撃を受け、徳島でもやろうと動き出したのは昨年7月だった。地方での開催ゆえに参加者の安全を期して、屋内でのフリートークの後、希望者のみプラカードや花を持って、駅前ロータリーをぐるりと歩くフラワーデモである。毎月はできなかったが、3月までに6回開催できた。小さな街では知り合いも多く、当事者の語りは難しいとの予想に反して、毎回のフリートークでは被害体験が語られた。ここが安全な場であり、暖かく受け止めあう空気を共有する、不思議な心地よさが強く印象に残っている。回を重ねるごとに駅前ウォークの解放感も増して、表現することの力を改めて感じた。そう、私たちは性暴力のない世界を強く願っている。こんな当たり前のことをこれまでは言えなかったのだと。フラワーデモを契機に、こんな変化が日本各地で起きていると確信している。

（河野和代）

スピーチ

2019.7.11

皆さん、こんばんは。私は新聞社で記者をしています。本当は皆さんの前で語りたかったのですが、代読をお願いすることにしました。

私の最初の性被害は6歳の頃で、相手は近所のお姉ちゃんでした。中学時代、電車に乗って塾に通っていたころは執拗に痴漢に遭いました。声を上げれば知らんぷりされ、車両を変えてもついてきて、手を振り払ったら殴られました。

新聞記者になり、上司からセクハラを受けました。社内で問題となり、相手は会社を辞めました。しかし、同僚からは「いい上司だったのに」と惜しむ声も聞かれ、自分の居場所がないような日々を送りました。

取材先からのセクハラも少なくありませんでした。しかし、私は明確な拒否を打ち出せませんでした。彼らがネタをくれる取材源だったからです。拒絶したら報復されるのではないかと怖かったし、何より取材で便宜を図ってもらうには仕方がない、とのあきらめもありました。

かつての上司よりよっぽどひどいことをされたのに、セクハラを指摘できずにいる自分の二枚舌を恥じました。セクハラをした側は、加害者の意識は今もないまま、のうのうと過ごし、また似たようなことをしていることでしょう。

そうして後輩の記者たちにも同じ苦しみを引き継いでしまったと、私はずっと自分を責めてきました。

でも、もうこんなことで苦しむのは終わりにしたい。当たり前のことですが、加害がなくなれば、被害者はなくなるのです。日本中にゴロゴロと転がっている性被害をなくしたい。その思いで、フラワーデモに足を運んでいます。

女性たちに取材を続けてきて思うのは、性を楽しむ以前に、過去の性被害のトラウマに苦しんでいたり、性をはしたないものととらえ、肯定できずにいるように感じます。そんな苦しみは、もう終わりにしようではありませんか。

フラワーデモに参加して、自分の痛みを訴える姿、隣人の痛みに寄り添う姿、それぞれに大きな感銘を受けました。怒りや悲しみを原動力にして、毎月デモに足を運ぶのは、心身にご負担があることと存じます。ゴールはまだまだ遠いと思いますが、これからも自分がしんどくならない範囲で、一緒に集まりましょう。ありがとうございました。

37　香川

遅ればせながら香川県では、2月11日に初めての「フラワーデモ」を開催しました。四国では香川県だけが未開催。誰かやってくれないだろうか？　そう思い続けていました。自分が「主催者」になってもいいんだと知り、友人に相談するととにかくやってみようと、すぐに開催の運びとなりました。

当日は20名の方が、それぞれの手に花を持って集まってくれました。「初めて告白します」そう言って街頭に立ち、震える手でマイクを握る女性。今まで誰にも話さずにきた自らの性暴力被害の実態について、勇気を持って告白する姿に、どこか遠い所で起こっている問題ではなく、身近な問題、私自身の問題だと思い知らされました。

「香川でフラワーデモを開いてくれてありがとう」と語ってくれた言葉を聞いて、張り詰めていた気持ちが一気に暖かくなりました。参加者の皆さんから「来月もやりましょう」との声が上がり、参加者全員が「主催者・呼び掛け人」になってくれました。

（白川容子）

38　松山

4月に東京で始まったフラワーデモ。月を追うごとに次々と開催場所が増えていくなか、いてもたってもいられない気持ちで毎11日を過ごしていました。そして8月11日。仕事が休み！　松山でもできるかも!?と、まわりの友人に声をかけ、1週間前に開催を決めました。とりあえず1回だけでも、と思っていたのですが、当日参加してくれた方々から、「続けたい」「みんなで続けようよ」との声があがりました。そして、交代での準備・運営により、続けることができました。

ひとりひとりが、自分の語れることを語り、みんなで寄り添う。涙あり笑いありの、あたたかい場所であったと思います。ただ、つらくて苦しくてどうしても来られない人たちもいました。始まる前にそっと花を届けてくれた友人、メッセージを寄せてくれた知人、個別に応援の声を送ってくれた人たち。その人たちの想いも含めて、私たちは立ち続けていました。私たちは、もう「独り」じゃありません。

（野中玲子）

39 高知

私は、24年前に性暴力の被害に遭いました。このことは誰にも話せていません。しかし、東京でフラワーデモが開催され、全国へ拡がるのをSNSで見て独りじゃない、声をあげていいし、私だけの問題ではないことにも気づきました。

そして、身近にも思いを抱えている人がきっといるはず、たとえ話せなくても私も、あなたも独りぼっちじゃない、性暴力を許さない社会に変えたいという意思を私が住んでいる所でアピールしたいと思い、友人たちも「一緒にやろう」と言ってくれたのではじめられました。

デモ中に「応援しています」「次は参加したい」と声をかけてくれる人がいました。交流では、涙を浮かべながら被害に遭った体験を話してくれました。すぐそばで個人の尊厳が傷つけられている人がいることがわかりました。またデモで、勇気づけられ、痛みを共有することで癒されている自分がいます。

これからは未定ですが、性暴力を許さない社会へ変えるため、あきらめずに何らかの形で続けていきたいです。

（フラワーデモ＠こうち発起人）

40 福岡

「なにそれ⁉」
「また？」
「こんなことまで⁉」

性暴力事件の無罪判決が出るたび、驚きと激しい憤りが募っていた2019年3月。どうせ日本はそんな国……と諦めモードで気を落ち着けようとしても、絶望的な気持ちとフツフツと湧いてくる怒りは、どうにも止まらなかった。だから、フラワーデモの呼びかけを知った時、暗闇に一筋の光を見る思いだった。

東京へ行く？　一瞬考えたが叶わず、4月11日のスピーチ音声を聴き、記事を追った。毎月11日にどこかで声を上げようという呼びかけが、頭から離れなかった。無罪判決の一つが出た福岡にも、同じ思いの人間が一人はいるよ！と伝えたくなった。

カレンダーで11日をチェック。6月×。7月まで待てない。じゃあ5月！

友人にフラワーデモに賛同するスタンディングをしたいと話すと、「行くよ！」と即答してくれた。呼びかけて誰も来なければそれでいい。でももし性暴力を受け、助けを求めている方がいらしたら、相談先の情報は伝えたい。被害者支援に携わる浦尚子さんに相談すると、当日来てくださることになった。更に、マスコミや支援者にも呼びかけていただき、石本宗子さんにつながった。マイクは平岡靖治さんが準備してくださることに。おかげで様々な年代の方々と思いを分かち合えた奇跡のような夜になった。福岡は日本初のセクハラ裁判の歴史がある。長年、女性問題に取り組んでこられた先輩方の層の厚さ、そして上げた声に応える文化がずっと以前からあったのだと、今にして思う。

　6月の開催は、北原みのりさんと5月にお世話になった方々に託し、私はその日の仕事先・下関で立つことにした。開催地が増えれば、「だったらここでも」と動く人がいるかもしれない。6月10日に行われたイベント（エトセトラブックス主催「福岡フェミナイト」）で、北原さん、田房永子さん、松尾亜紀子さん、小川たまかさんからいただいたメッセージつきプラカードを携え、当日、下関へ。離れていても、同じ時間に性暴力を許さない思いで花を持ち集っている。そのことはとても心を強く、あたたかくしてくれた。福岡では、石本さん、浦さん、椹木京子さん、平岡さん、本多玲子さんが中心となり毎月続けることでまとまったと聞き、7月以降、私も復帰させていただくことにした。

「一緒にやろう！　毎月来れる人がやればいいんだから。」軽やかな本多さんの声が、背中を押してくれた。

　一人ではない安心感と、対等な横のつながりの心地よさが、はじめからずっとあった。

　絶望なんてしたくない、今できることを自分の居場所でやるんだとはじめた行動が、誰かを勇気づけていたのだと知り、胸が熱くなることも度々ある。回を重ねるごとに顔見知りも増え、関連する講演会等の情報が共有され、そこに出向けばまた馴染みの誰かに会える喜びも大きい。つながりの中に生きている安心感を、フラワーデモは育んでくれている。

　あれから1年。その輪は全国に広がり、世界は少し明るく、広く、あたたかくなった。

（黒瀬まり子）

41

佐賀

2017年、伊藤詩織さんが実名で性暴力被害を告発。2019年3月名古屋地裁岡崎支部などのあいついだ性犯罪無罪判決。

加害者が罪に問われない。なぜこんな理不尽に、被害者だけが苦しまなければならないのか。私が子どもの頃にうけた叔父からの性暴力。母に言えば「なぜ早く言わなかったのか」と返ってくることが容易に想像でき、これ以上自尊心を傷つけたくなくて誰にも言えずに封印し生きてきました。4月からフラワーデモが全国に広がり、私は「佐賀でその場所をわたしがつくろう」と決意しました。「あなたは悪くない」と包み込むフラワーデモが、自身とそこに集う人たちの尊厳を取り戻す居場所になると信じています。

9月から毎月、twitterでよびかけ、駅の広場で毎回10人近くが参加し、花やプラカードでアピールをしています。性暴力を許さない、「なかったことにしない」社会へ、これからもあたたかい涙を流せるフラワーデモを仲間と継続していきます。

（池崎基子）

42

長崎

長崎のフラワーデモは、長崎市幹部による性暴力事件の裁判を闘っている原告女性記者を支える趣旨で、2019年11月18日に1回目を長崎市の繁華街近くで開催。前日には原告女性記者を支える会発足の記念シンポジウムが開かれた。北原みのりさんをはじめ全国から多くの女性記者や長崎の女性たちが100人以上集まって、性暴力や性差別について熱く語り合った。フラワーデモの日は時折、強い雨が降ったが、シンポの参加者を含む70人以上が集まり、「性暴力を許さない」「長崎市は謝罪を」と書かれたプラカードや花を手に性暴力被害者の救済を訴えた。性暴力やセクハラについて被害者の声に耳を傾け社会に問う側の記者たちも被害に苦しんできたことを知り、胸が痛くなった。今年1月7日には性暴力訴訟の第4回口頭弁論の事前集会をフラワーデモ形式で開き、長崎地裁前で「長崎市は裁判で争うことなく原告に謝罪してほしい」と訴えた。3月8日も開催予定だ。

（長崎市幹部による性暴力事件の被害者を支える会　門更月）

43 熊本

4月から東京でフラワーデモが始まり、荒尾市で7月にスタンディングが始まったが、熊本市では待っててても「声」が上がらず、私がフラワーデモ@熊本市を開催してる。デモの参加者以外にも、事情でデモには参加できないが遠くから見守ってるとか、職場や自宅から連帯するとか、事情があって「いいね!」すら押せないが「こっそり連帯します」というメッセージなどが、次の開催への勇気に繋がった。私はPTSD、うつ病、不安障害の治療を受けてるので、デモの開催を続けることは、精神的に非常に困難な月も多かった。熊本日日新聞、しんぶん赤旗の取材を受け、弁護士さんともつながり、議員さんも参加され、性犯罪について議会で質問されるとのこと。熊本市でもジェンダーや国籍にかかわらず、いろいろな方が集まっている。何度も参加されてる中高年の男性2人とは、2時間ぐらい話をし、国籍が違う女性とは心をこめてハグをした。「温かい気持ちになれた」と言ってもらえ感動した。

（上野海佑）

44 大分

東京から始まったフラワーデモですが、同じようなことはできないが、何か地方でも行動を起こさないといけないと友人と話はしていたのですが、なかなか取り組むことができませんでした。次々といろんなところで開催される中、弁護士の知り合いにも呼びかけ人になってもらうことが、声を上げたくても上げられない人たちの力になれるのではないかと友人と相談し、1月にスタンディングというかたちではありますが、やっと開催することができました。

地元紙が事前の準備取材をしてくれ、記事を見て参加した被害者の方もおり、開催してよかったと思います。最初は7名で始まったスタンディングも、2月は、SNSを見てきましたという方や、私たちとは別に交流会などを開いていた方々も参加し、参加人数も13名に増えるなど、声を上げる仲間が増えています。

（小柳直子）

45 宮崎

宮崎での初開催は2019年12月11日。プラカードと共に全員が大きなひまわりの生花を手に街頭に立ち、道行く人の注目を集めました。その後毎月続いています。「九州全県での開催を目指しています」とフラワーデモ鹿児島から声をかけてもらい、当時未開催だった宮崎、大分とつながりました。宮崎での時間帯は昼間で、花やプラカードを持ってデパート前の交差点に集まり、スタンディングをしています。「宮崎でもフラワーデモがあるんですね！」と声をかけてくれる人がいれば、「何をしてるんですか？」「フラワーデモって何？」という反応もありました。デモの説明や次回開催予定を書いた小さなチラシを渡しながら通りがかった人と話をしたり、隣に立つ人とおしゃべりをしたり。マイクなしのサイレントデモならではの小さな交流があちこちで生まれました。また一方で、言葉を交わすことはなくても、通りがかった人の心に何かを伝えることができていたら嬉しいです。

（宮下玲子）

46 鹿児島

4月に東京、5月には福岡でフラワーデモが開催され鹿児島でも誰か開催してくれないだろうかと毎日SNSをチェックしていました。11日が近づいてもその誰かは現れず、でも鹿児島で開催されないのはとても悔しい気がして、6月に開催を決めました。

6月に開催してみて一番ショックだったのはその日参加してくれた方のほとんどが性被害にあっていたことでした。私は身近な彼女達が傷つき苦しんでいた事を全然知りませんでした。

またこれまでに参加された方のほとんどが「鹿児島で開催してくれてありがとう」と声をかけてくださいました。鹿児島で開催することに意味があることを知りました。「フラワーデモ」という場所が「あなたは悪くない」「あなたはひとりじゃない」と過去と現在のあなたに寄り添い、そして、性暴力を許さない未来を作るきっかけとなる場所になったことをとても嬉しく思います。

（藤島マキ）

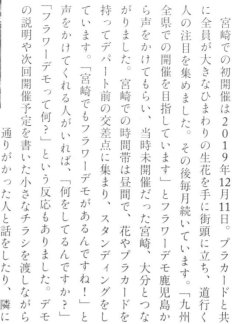

47 沖縄

「また来月も来ます」参加してくださった女性からの別れ際の言葉。これまで、フラワーデモ以外でも何度か性暴力関連のイベントを開催したことがありましたが、初めて言われた言葉でした。

沖縄は生活の場の近くにデモや抗議活動があり、新聞でも話題が出ない日の方が少ないくらいです。その中にも性暴力が含まれており、ニュースが流れるたびに、胸が苦しくなります。それは私だけではなく、事件に対して「自分だったかもしれない」「自分の家族だったかもしれない」という思いを抱かされている県民は、男女ＬＧＢＴｓ問わず多く、だからこそ、初回は広報期間も少ない中、２００人を超える人が会場に駆けつけてくださいました。

日にちを決め集うことは終結しますが、終了翌日にもラジオでは性暴力に関する特番が放送され、フラワーデモを契機に思いは確実に広がっています。これまで、隠れることを選び選ばされていた人たちが「また」と再会を約束できる場。正当な怒りとやさしい抗議の場は、それぞれの想いと共に引き続き広がっていくことを感じています。

（上野さやか）

48 バルセロナ

バルセロナ市庁舎とカタルーニャ自治州庁舎が向かい合って建つ、このサンジャウマ広場をデモの場所に選んだのには理由があります。いつも誰かがここで何かを訴えていたからです。テーマは様々、政治、動物愛護、環境保護、労働環境。一人でじっと看板を持ち立つ人、メガホンを手に叫ぶ人、スピーカーと笛、太鼓をＢＧＭに歌いながら主張する人。未来を良い方向に変えようと表現する人たちが、それぞれのスタイルでその意志を公にしていました。「伝えたいことがあるから、発信する」シンプルな彼らの共通点にふと気づいた時、私もここから始めようと決意しました。

デモの最中、ちらりと目線を向けて薄笑いを浮かべる人や、何も見なかったかのように通り過ぎていく人も多いです。思いが届かないように感じて寂しくなる瞬間がないわけではありません。それでも、言葉が海も時代も超えていくように、ビラを受け取ってくれた手の分だけ、声を聴いてくれた時間の分だけ、私たちの撒く花の種が広がっていくと信じています。

（仁志彩乃）

フラワーデモ主催者座談会

「私たちはことばを得た」

2020年3月12日、フラワーデモのきっかけのひとつとなった、実父から娘への準強制性交事件に名古屋地裁岡崎支部が下した無罪判決が、名古屋高裁で逆転有罪となりました。同日、高裁前でのフラワーデモスタンディングと傍聴を行った、名古屋と長野のフラワーデモ主催者、呼びかけ人のふたりが判決後、これまでのこと・これからのことを話しました。

逆転有罪の判決を聴いて

長野主催者・水野美穂（以下、水野）　逆転判決よかったですね。

北原みのり（以下、北原）　冒頭、堀内満裁判長が「原判決を破棄する。被告人を懲役10年に処する」って言った瞬間、水野さんが号泣で、私はずっともらい泣き。というか、ここにいる全員ずっと泣いてたよね。

名古屋主催者・具ゆり（以下、具）　最後は、自然に拍手が起きましたね。

北原　うん、名古屋地裁岡崎支部が「無罪」とした事件の見方をすべてひっくり返して、心から拍手をおくりたい内容だった。

具　そうそう、全部ひっくり返してました。

松尾亜紀子（以下、松尾）　被害者からのコメントも出ましたね。「昨年、性犯罪についての無罪判決が全国で相次ぎ、#MeToo運動やフラワーデモが広がりました。（…）私の訴えでた苦しみも意味のある行動となったと思えています」

北原　フラワーデモを見てくれてたんだね。意味があったんだと、そう書いてくれて本当にうれしい。

水野　また泣けてきました……。

松尾　このコメントを読んで、一年分、すごくホッとしました。私たちは不当な判決をきっかけに声をあげてきたけど、被害に遭った方がそれをどう思っているのかわからなかったから。

具　私もホッとしてます。名古屋の主催者としては、今日、目立つのはどうかと迷ったんですよ。これまで被害者の支援をされていた方たちが表に出てこられないのに、私たちが取材を受けていいのかっていうためらいもあったし。

松尾　そうですね、具さん、随分気にされてましたね。

具　だけど、「あなたはひとりじゃない」っていうメッセージが本人をささえる力に繋がればいいかなと思い直したの。やるかって。でもまさかあんなに……名古屋は毎月のフラワーデモもメディアの取材が多いんですけども、今日はすごかったですね。報道がこういうニュースに乗り遅れちゃいかんって思うような社会になってきたってことでしょうか。

北原　そうだと思う。

2020年3月12日名古屋高裁前で
報道陣に囲まれるフラワーデモ主催者ら

水野　私がフラワーデモをはじめた理由が、まさに今日破棄された岡崎支部の無罪判決だったんです。去年の3月、Twitterにあの判決文が流れてきたとき、ただただ衝撃を受けて。うちも機能不全家族だったけど、父親は私をかわいがってくれた。今日の判決文を聴いて、子どもが安心して生活できないってどういうことなのか思い知らされました。

松尾　父親が「金だけとってなにもしない」と、経済的負い目を与えて性交を強要していたと、判決でも数回触れられていました。

具　私の仕事は女性相談のカウンセラーなんですが、「金だけとって」といって子どもやパートナーを虐待するって、すごく多いパターンです。そういう話を日常的に聴いているからこそ、ケアしている側にとってもこの判決が出た社会的意味ってすごく大きい。

ひとりでも声をあげる／みんなで声をあげる

水野　長野フラワーデモには、capながの方が毎回来てくださっているんですけど、お話を聞くと、長野の学校では性虐待がほんとうに多いんです。

具　長野だけじゃないのよ。

水野　そう、だからね、自分の認識が足りていなかったなと痛感したんです。日常の延長に子どもへの性虐待もあるんだって。私も日々の仕事や生活のなかで、ずっと「女のくせに」「女なんだから」と言われ続けてきて積み重なって、それでフラワーデモをはじめたんだと思うから。

北原　フラワーデモをはじめて、驚くようなことがたくさんあったけど、一番驚いたのは、6月に「長野駅前でひとりでもやる」って水野さんから連絡があったこと。東京で５００人集まるのとは全然違うから、どんな人なんだろうと。

水野　こんな人です（笑）。

北原　水野さんみたいな声が、その後、次々にあがってきたんですよね。鹿児島も熊本も、ひとりあるいは少人数だけど立ちますって言ってくれて。

具　私は名古屋でやるとは言ったけど、ひとりでやる気は全然なかったの。やれないと思ったし、だからやりたいという人たちに声をかけて、顔も知らないままグループLINEで打合せして。みんながどんどん準備に動いてくれる人たちだったから、名古屋は初回の6月に１５０人も集まったんだと思う。

北原　名古屋はフラワーデモのひとつのモデルになったと思う。プロのカウンセラーや弁護士が主催スタッフにいて、すごく安心する場をつくってましたよね。

具　スタッフの「デモ」のイメージがそれ

ぞれ違うから、開催まではとにかくLINEの嵐でしたよ。シュプレヒコールはやるの？　とか、歩くの？　とか。私はやっぱり4月11日の東京のフラワーデモの形が原点だと思っていたから、こういうことなんだと話して理解してもらって。

北原　そうですよね、最近では元からそういうものがあったように「フラワーデモが開催された」と報道されたりするけど、決まった形があったわけではないから。はじめに声が生まれて、あとからフラワーデモという名がついて、方法も手探りだった。

松尾　あやうく花じゃなくて、「ひしゃくを持って集まろう」となっていた可能性も……。

具　ひしゃく!?　なにそれ？

北原　いや（笑）、私と松尾さんは数年前から韓国の女性運動を取材を重ねていたから、とても影響を受けていて。韓国の民主化運動のとき、つかわれた武器が「うんこ水」だったの。便所の汚水をひしゃくで相手に向かって撒き散らすのが、民衆の本気の抵抗だった。なんだけど、釜山の「民主抗争記念館」で、ストライキした女性労働者ふたりが逆に経営側からうんこ水をかけられている、有名な写真を見たのよね。それがすごく印象的で。

松尾　そう、このうんこ水かけられて悔しさと怒りをにじませてるのは私たちの姿そのものですよね!?　みたいな。シンパシー感じすぎて、それ以来、魂が乗り移ってるんです。

北原　それで最初は、裁判所にうんこ水かけるべきじゃない？　ひしゃく持ってく!?って。

具　花になってよかったよ（笑）。

水野　今度、長野でみんなに話そう（笑）。

それぞれの試行錯誤

松尾　最初の頃は、各地の主催者から「細かいルールやマニュアルをつくって欲しい」と言われることもありました。

北原　あのとき、松尾さんがはっきり「これはデモなんだから、主催者は責任取れないし、持てないんです。これはみんなでつくる場所なんです」ってみんなに言ってくれたんだよね。あれで、その後の方針が決められたと思う。

松尾　みなさんの、参加者に対して責任をとらないといけない、安全を守らないといけない、ってプレッシャーはとてもよくわかったんだけど、それは自由な場と声を制限することにもなるんじゃないかって危惧がありました。デモは、主催者が参加者に提供する「イベント」ではないですし。撮影禁止以外は参加者への細かいルールはつくらない。ただし、当事者が顔を隠さず性被害を話せる場でもあるから厳格で細かい撮影ルールはメディアに課して、マイクを絶対に回さないでスピーチは希望者のみにする、この2つは厳守して、あとは各地の主催者と参加者で場をつくっていこうと。主催者同士はかなり頻繁に連絡をとりあってましたけども。

具　そうそう、フラワーデモは全国主催者がLINEで繋がっていたのが大きかった！　なにかあったら、すぐLINEで報告しあえるし、それをまた名古屋のメンバーに話せる。このツールがすごい役割を果たしてくれたよね。

松尾　はい、「こういう場合は皆さんどうしてますか？」ってグループLINEがくると、知恵を出し合ったり、性暴力事件が起きれば怒りを共有して、久留米の事件や今回の逆転有罪もLINEで喜びあって。

北原　フラワーデモの根底にあるのが、女性の声を信じない社会に対する怒りだったから。このデモは、主催者が参加者を信じるという根底をぶらさないで1年続けられた気がする。

具　チラシでフラワーデモを説明している都市もあったけど、名古屋は主催者からのスピーチでフラワーデモはこういうものだって話をしてきました。スピーチしていただく方には事前にお話を聞いて、暴力的でないことを確認させてもらって。あとは会場で他の活動をするのは遠慮してもらったり。さっき松尾さんが言ったとおり、フラワーデモはみんなで作る場というのは大前提なんだけど、私たち主催者側が守らないといけない境界はあると思ってやっていたし、これからもそうすると思う。

北原　名古屋は実際、みんなが自分を開いちゃうようなすごい空間だった。

具　数ヶ月かけてこれは安全な場所だって気づいてくれた方もいて、それがうれしかったです。

北原　静岡は司会がいなくて、真ん中にマイクが置いてあるスタイルでしたよ。話したい人がマイクのところまで行って話して、また戻って。あれもよかったなあ。新潟では少人数だったけどトラメガで話していたら通りすがりの人たちが聴いてくれて。それぞれのやり方で、温かい空気が流れてた。

　最初の頃は「被害者を語らせている」という批判も受けたじゃない？　フラワーデモは被害者を利用しているって。でも現場に来れば、私たちが語らせているはずはなくて、どうしても語りたい人が語ってるんだってわかってもらえると思う。だって……名古屋でも東京でもスピーチを希望する人の列が出来るんだよ。20代から70、80代まで、それまでの人生を語ってくれる。

水野　やっぱりみんな限界だったんですね。

北原　そうなんだよね。埼玉の主催者のひとりはシングルマザーで、経済的に苦しいからセクハラされても会社をやめるわけにはいかない、そういう社会をずっと生きてきたんです、って語ってた。どの地域でも主催者も自分の話をする。そして、どの主催者も、「うちの土地が一番ひどい」って言うの。「静岡ひどい」とか「新潟最悪」とか「沖縄だめです」とか、みーんなそう思って生きてる。その最悪にひどい集まりが日本なんだなって。

水野　ジェンダーギャップ121位の現実ですね。

北原　121位ってちゃんと突きつけられてよかったよね。認識するところから変化ははじまるので。

私たちは必要なことばを得た

水野　長野には土地柄、その121位の現実を知ろうとしない感じがあります、冷めた感じ。デモをやること自体が格好悪いという空気がものすごく強い。萩生田光一（文部科学相）の「身の丈に合わせてがんばって」発言あったじゃないですか、ああいう考え方が染みついちゃってる。デモの参加者は20人とかだし、スピーチもない。それでも、新たに松本ではじまったり、あんな閉鎖的な土地でも静かに広がってくれた実感はあります。

松尾　フラワーデモは「静かなデモ」って言われるけどほんとにそうですかね？　みなさん、すごく熱いんですけど。

水野　うん、話されていることのことばが強いですよね。「性暴力を許さない」っていうプラカードを持ってるだけでも、田舎では、えっ？　と目をとめる人がいる。

北原　やっぱりことばなんだよね、私たちは必要なことばを得たんだよね。

あと1年やってよかったのは、全国のメディアの女性たちと深く知り合えたこと。取材してくれた99パーセントが女性の記者だった。女性記者たちが熱い思いでがんばって報道してくれたから、フラワーデモがここまで広がったんだよね。彼女たちと話をして、記事にできなかった性暴力の事案がどれだけ多いか知って驚いた。デクスから「こんなの気持ち悪い」とか「被害者がかわいそうだからやめよう」とストップがかかるんだって。

水野　まったく逆なのに。

北原　うん、だから全部ひっくり返してみることが大事ですよっていうことを今日、堀内満裁判長に教わりましたよね。

具　今日の判決がモデルになると思う。

水野　こうやって今日、皆さんとお話しできてよかったです。フラワーデモ、やってよかったなあって思いますよ。

具　私も。

北原　私も。

松尾　私もです！

水野　いろんなことを考える機会をもらったような気がする。

私は息子に障害があってそれもいろいろ大変だったんだけど、これまでとは違うことが考えられた。思いがけず全国の繋がりができたし。長野は、今後は報告会や交流会をしつつ、スタンディングすることもあるかもしれません。

松尾　今後しばらくは、毎月11日、全国どこかでフラワーデモが開催されているという形で続けていきましょう。

具　一度、全国47都道府県の主催者みんなで会いたいよね。

水野　ほんとに！

（2020年3月19日／名古屋ＹＷＣＡにて）

注：この2日後、被告の父親側は判決を不服として最高裁に上告した。

3月12日の名古屋高裁判決後。左から三重主催者・長田伊央、名古屋主催者・具ゆり、松尾、北原、デモ開始当初から協力し合ってきたSpringの山本潤氏、長野主催者・水野美穂。「勝訴」とは言わないと知りましたが、これは私たちの気持ちです。

記録の記録

松尾亜紀子

2019年3月〜4月　あの久留米と浜松支部の無罪判決はひどい。SNSで女性たちの怒りと「何かせずにはいられない」という声が噴き上がっている。一方でそれを潰すような法曹界の一部からの罵倒もひどい。このままでは声が消されてしまう、集まろうと呼びかけましょうか、という話を北原みのりさんとしたのが2019年3月23日の昼。その3日後に岡崎支部、5日後に静岡地裁の無罪判決が出て、本格的に動き始めた。場所と日程を決め、Twitterアカウントをつくり、一週間前に告知。主旨に「無罪判決と性暴力を許さない」と書いたが、個別案件への抗議という主旨が伝わりにくいとの指摘を受けて「不当判決を許さない」に変えた。

デモはスピーチ方式にすると決め、大きなトラメガを知人のつてで借りた。当日は、石原燃、雨宮処凛、田房永子、深沢潮、山本和奈、福田和子、後藤稚菜、杉田ぱん、林美子、YUMIの各氏（敬称略）が順にスピーチ。伊藤詩織さんと少年アヤさんが寄せてくれたコメントも代読した。その後、参加者からのスピーチが続いたのは皆さんの記録の通り。あの晩の光景は、一生忘れない。大阪でも同日、李信恵さんらがスタンディングしてくれていた。

500人超の女性が集まったのに（400人と発表したが、後日、ジャーナリストの河原理子さんに正確な数を伺い、公式発表を訂正）、翌日のメディアでは一切報道されず。テレビは一台もいなかったけど記者たちの姿はあったのになぜ？と北原さんに怒りの電話をかける。しかし、4日後に、長年性暴力取材をしてきた河原さんによる、説得力のある記事が朝日新聞に出ると潮目が変わった。のちに、4月11日に取材に来てくれた女性記者たちも、記事が出せずに悔しかったのだと知る。この一年、参加者と彼女たちは一緒に世論をつくってきた。悔しかっただろう、と今なら痛いほどわかる。

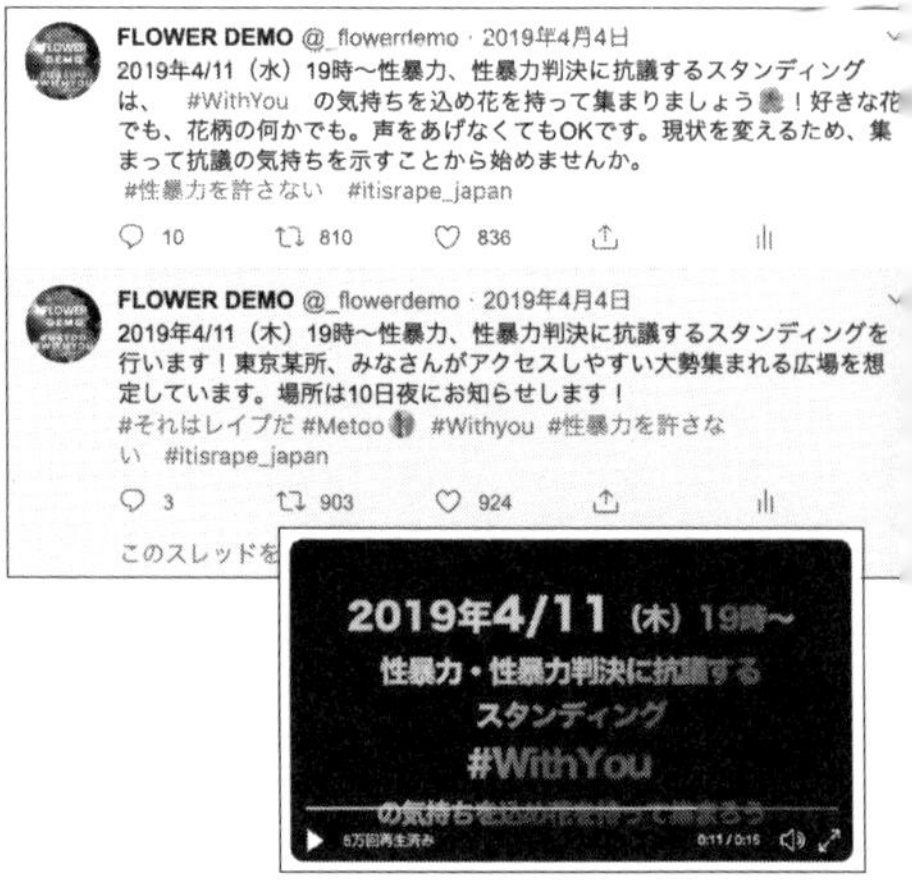

上：はじめのTwitter告知。当時はitisrape_japan（それはレイプだ）というアカウントだった。曜日を間違えていますね、失礼しました。
下：4月から毎回、斉藤玲子さんが告知映像をつくってくれた。

2019年5月〜7月　5月は福岡でやると連絡があり、千葉が始め、名古屋が決まり……と、予想していなかった展開となった。毎月11日の開催を決め、「フラワーデモ」という名前をつけた。「とにかく一回集まろう」が「とにかく一年間やってみよう」に変わった。性暴力にまつわる刑法改正の大事なタイミングが2020年3月だということも、大きな理由だ。東京だけのデモでないことを

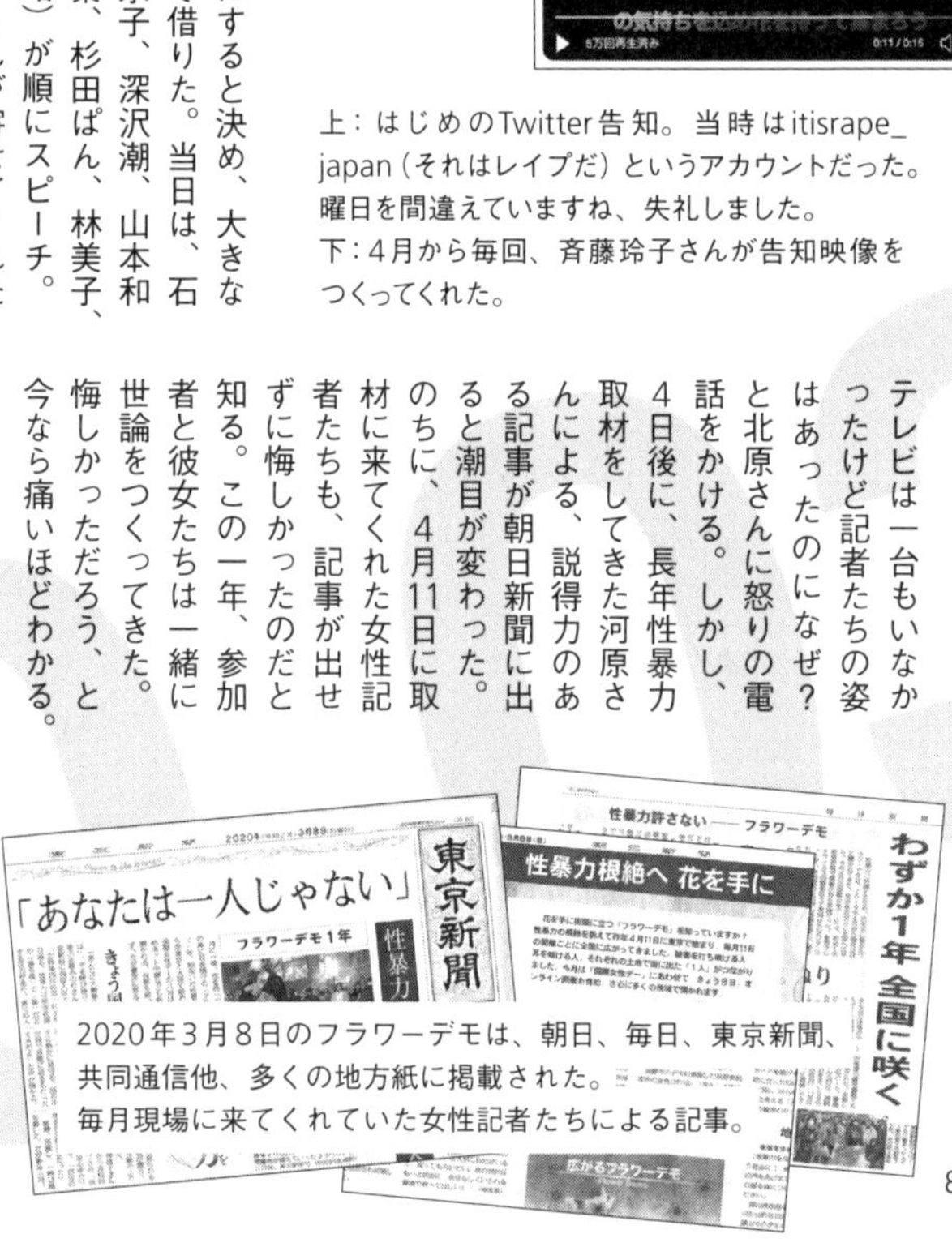

2020年3月8日のフラワーデモは、朝日、毎日、東京新聞、共同通信他、多くの地方紙に掲載された。毎月現場に来てくれていた女性記者たちによる記事。

アピールしたかったので、しばらく毎月どこかの都市をメイン会場と謳うことにした。5月大阪、6月福岡、7月名古屋、8月京都。

参加者に細かいルールを課さない／主催者向けの細かいマニュアルもつくらないと決めた。その代わり、メールやLINEの案件は日々膨大だった。新しい主催者と土地の事情に合わせスタンディング場所を考えたり、撮影ルールを決めてもらったり。「ひとり事務局」の身としては毎月11日を乗り切ることに精一杯で、でもこんなへっぽこ事務局だから、「本部と支部」とかじゃない横の繋がりをつくれたのだ、と思いたい。各主催者にそれぞれフラワーデモをはじめた切実な動機がある。私にもある。毎月11日司会の位置で2時間スピーチを聴くと、翌日は一日起き上がれない。全国との連帯、シスターフッドが私の励みだった。矛盾するようだが、もちろん毎月11日のあの場も。

公式Twitterで当初から気をつけていたのは、フラワーデモを「議論の場にしない」ことで、Twitterは告知ツールと定めていた。デモなのだから自由に参加してほしい。参加しないのも自由だ。批判は真摯に受け止めたが、未参加ならば一度、この場に来てもらえたらと願っていた。フラワーデモは参加者が自らの性被害を語る場だとの報道が定着しつつあった。社会に訴えるデモであるという目的と、性被害を語る場の両立を考えるたびに、「女性たちがつくる場を信じよう」と北原さんが言った。

2019年8月〜12月　8月は20都市、9、10月は大雨や台風で開催できない都市もあったが、11月は26都市まで増えた。開催都市名を告知すると、各地方紙の記者からほぼ必ず取材依頼が入るようになってきた。ほとんど女性記者からで、個人的な理由が書かれていることもあった。年内に主催者オンラインミーティングをLINEで2回開催、本当はリブの頃みたいに合宿したかったけれど（みなさん、いつかやりましょう）。年末には、NHK「ハートネットTV」で30分丸ごとフラワーデモが特集された。群馬と沖縄で生中継。福岡と東京も映った。同じころ、全国開催を目標にした。

2020年1月〜3月　東京は毎回300人以上の参加があるので、途中でさすがにトラメガをやめ、Tシャツの売上でマイクの音響を整えた。1月11日は初の土曜日で、ようやく来られたという参加者も、性被害を初めて話せたというスピーチも多かった。せっかくの声が届きやすい音響設備にできてよかった（声を張り上げる内容ではないので聴きづらい場合も、多々あったと思う。それでも静かに聴いてくれた参加者のみなさん、ありがとうございました）。音響担当のふみさん、内田さんと今日は4月に戻ったようだねと話した。

2月に入り、3月8日国際女性デー開催に向けて、47都道府県に運営組織ができた。コロナウィルスの感染拡大さえなければ3月はすべての場所でデモが開催されていただろう。準備してきたのに開催を諦めた都市は残念だったと思う。でも、全国で声が上がったことが、ほんとうにすごい。東京はオンラインデモ（ニコニコ動画）に切り替え、主催チームがいつもの行幸通りから生中継した。

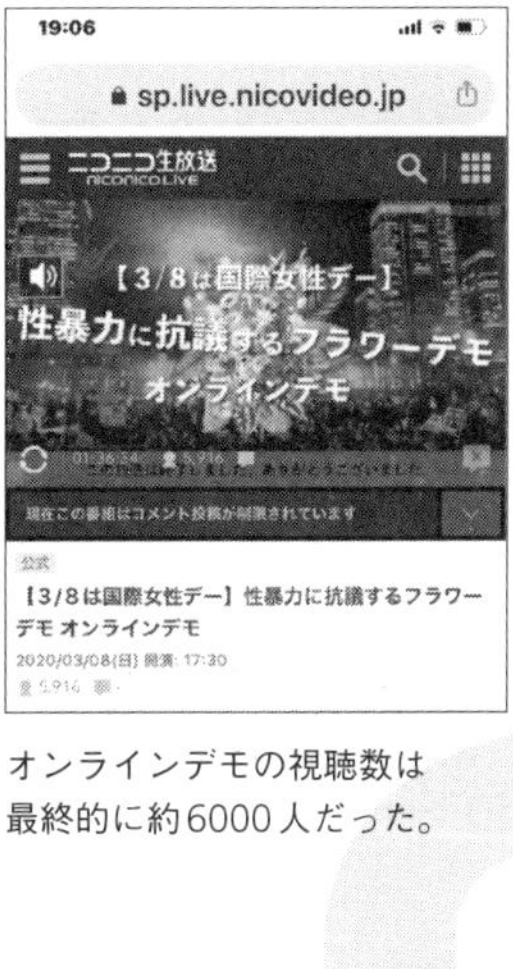

オンラインデモの視聴数は最終的に約6000人だった。

一年やってきたけど、全然終わらないですね、と3回目の主催者ミーティングで話をした。LINEで会話できる人数ではなくなったので、Zoomを使った。今後も続いていくと決まった。

声をあげることの力

山本潤（一般社団法人Spring代表理事）

2020年2月11日、ライトに照らされた赤レンガの東京駅舎からまっすぐ伸びる幅12mの行幸通りに、花を携えた人々が次々と集まってきた。沿道の端に設置されたマイクの周りに、参加者たちが半円状の輪をつくる。19時に主催者の説明が開始され、第11回目となるフラワーデモが始まった。2月の参加者は600人、同じ日に、40都道府県とバルセロナでもフラワーデモが開催された。

東京では、性被害の経験者が次々に前に出てマイクを握り、自らの被害経験や思いを伝え、参加者たちは真剣な眼差しで聴きいっていた。

嗚咽と共に自らの性被害経験を語る声を聴きながら、性犯罪無罪判決への抗議のスタンディングとして始まったフラワーデモが、被害者が自分の性被害を告発する場に発展し、全国各地に広まっていった理由をずっと考えていた。

フラワーデモが広がった理由は主に3つあると考えている。

一つ目は、目の前で被害者が語るというインパクトの大きさだ。

他者の表情や声などから、私たちは認知や判断をする。

目の前で発言している被害者の声の強さや速さ、沈黙の間や表情から、語られる内容は疑う余地のない現実として参加者に届いたと思う。被害に苦しんできた人の嘘偽りのない心情

を目撃したことが、多くの人の心を揺り動かし、メディアにも取り上げられ、全国に広がる要因になったのではないだろうか。

二つ目は、フラワーデモの自助グループ的な要素だ。

自助グループでは、同じような経験をした人の話を聴き、自分の被害に気づいたり、話していいんだと思えたり、互いの話を聞く中で、被害経験の意味を捉え直したりといったことが起こる。

通常、自助グループは安全な閉じられた空間で、少人数で行われる。だが、フラワーデモでも被害者たちは、参加者として話を聞く中で自分の被害に気づいたり、自分の経験を話していいと思えたり、実際に話すことで受け容れられたと感じたと話しており、自助グループと共通の作用があったと思われる。

回復の原動力となるのは、①安心できる居場所の存在、②自己肯定、③仲間の存在、④ロールモデル（先ゆく仲間の存在）、⑤語ること（もしくは表現すること）（宮地尚子『トラウマ』岩波新書）と言われる。

フラワーデモが無罪判決に抗議する人々の集まりであり、安全な場所として認識されたこと、運営者たちが安全な場となるよう配慮したことは安心できる条件を満たしていると言える。また、スピーチには直接のコメントが返されることはなく、言いっ放し、聴きっ放しであることも自助グループの要素である。そして、攻撃や非難を受けず、聴いてもらった経験は受け容れられたという認識にもつながる。被害当事者らや肯定してくれる人がいるので仲間もいる。自分が希望すれば、スピーチをしたり、花を持ったり花のモチーフを身につけ思いを表現することもできる。ロールモデルの存在が毎回あったかは不明だが、メディアなどを通じて発信している被害当事者らもフラワーデモに参加しており、回復の原動力として機能したのではないだろうか。

3つ目は駅前や公道という公共空間で実施されたことの意義だ。性暴力のようなトラウマは語りにくく、また聴くことも難しい。そのような被害の経験を、何十人、何百人もの前で語ることは、被害者にとって大きなプレッシャーとなる。しかしスピーチ後、被害者たちの何人かは「フラワーデモに救われた」と話していた。

その言葉は重い。

それは、被害者たちが被害を聴いてくれる人に出会えず、言っても何もしてもらえず、社会に無視されてきたことの表れだと思うからだ。

フラワーデモの参加者たちは、被害者の話を真剣に聴き、頷きなどを通してフィードバックをしていた。それは「あなたを信じる」というメッセージとして被害者に届き、被害を承認される経験になったのではないだろうか。その承認を通して、フラワーデモは、性暴力が日本社会で実際に起こっていること、被害に苦しむ人が多くいることを公共の場で可視化した。

これまで、声をあげた人がバッシングされ、仕方がないこととして扱われてきた性暴力に対して、フラワーデモは何が起こっているのかということを日本社会が目撃する事象になっているのであり、性暴力の意味や価値が問い直されていると思う。

フラワーデモは3月8日に1周年を迎える。あげられた声にどう答えていくか。

一つの答えを出すために、Springは性暴力を規定するための法律、刑法性犯罪改正に取り組んでいる。2020年は、刑法性犯罪見直しの年。2017年に刑法改正された時に、3年後をめどに見直しましょうという規定が定められた年だ。

刑法が必要とする暴行脅迫がなくても、同意のない性行為を強いることはでき、そのダメージは大きい。しかし、それが理解されず不可解な無罪判決が相次いだ。性被害の実態を反映させた法律を作るために、Springは議員や関係省庁と面談するロビイングを行い、性被害当事者の経験や市民の声を届けている。

また、あげられた声を記録するためにフラワーデモにも協力してもらい、性暴力や無罪判決への思いをメッセージとして書き、写真に残すOneVoiceキャンペーンにも取り組んでいる。これまでに寄せられたOneVoiceメッセージは500枚。そのメッセージを、イベントやネットを通して、国会や社会に届ける中で、議員や関係者が、性暴力の問題を解決するために積極的に行動してくれるようになった。あげた声は必ず聴かれるし、その声には社会を変える力があると実感している。

そして、もし何もしないのならば、それは性暴力の現状を容認することと同じだということも知って欲しいと思う。性暴力の加害者たちが最も望むことは誰も何もしないこと。あなたが声をあげないことは、この現状を維持する力として働くし、それは加害者たちにとって最も都合が良いことだ。

だからこそ、声をあげて欲しいし、共に変化を起こしていきたい。

声をあげるためのOneVoiceメッセージにもぜひ協力して欲しい。

私たち一人一人に力がある。その力を生かして共に社会を変えていきましょう。

OneVoice メッセージはこちらから

声をつなぐ

牧野雅子（社会学、ジェンダー研究）

フラワーデモの主催メンバーということもあって、わたしは、フラワーデモに参加する時は、何かしら前でマイクを持って話をする。主催者からのお願いであったり、寄せられた声の代読であったり、イベントの報告であったり、時に自身の話であったり。毎回違う話をしているつもりなのだが、気がつけば、同じ話をしてしまっている。「社会は変えられます。変わってきたのをわたしは身を以て体験しています。性暴力に甘いこんな社会はおかしいと声をあげ、行動を起こし、変えてきてくれた人たちがいた。だから、変わったんです。まだまだ変えなければならないことがある。だったら変えましょう。わたしたちにも変えられます。変えていきましょう」

フラワーデモには、これまで性差別や性暴力に抗議の声をあげ、行動を起こし、社会を変えてきた人たちも参加されている。わたしがいつもこの話をしてしまうのは、彼女たちへのリスペクトの気持と、次はわたしたちが変えていかねばという責任を思うからだ。同じフラワーデモを主催するメンバーの一人は、彼女たちのことを「レジェンド」と呼ぶ。

セクシュアル・ハラスメント（セクハラ）という言葉がなかった頃、職場で理不尽な目に遭ったり、性的に扱われたりすることは女性にとっての日常だった。今、地位を利用して性的なことを要求するのはセクハラだと、誰もが思えるのは、セクハラ裁判を闘った当事者や支援者たちの活動があったからだ。彼女たちが、セクハラという言葉や概念を根付かせてくれたことで、自分のされていることがセクハラだと言えるようになった。職場にヌードポスターがあったことを記憶している女性も多いだろう。それを変えてきたのも、女性たちだ。痴漢が性被害だという認識すらなかった時代があったとは、今では信じがたい。これもまた、女性たちが声をあげ、被害を可視化し、被害防止対策をとるよう関係機関に申し入れをした結果である。そもそも、性暴力という言葉だって、かつてはなかった。社会は勝手には変わってくれない。性差別や性暴力に、おかしいと声をあげてきた女性たちがいたから、社会は変わったのだ。

２０１７年の性犯罪に関する刑法改正前にも、多くの当事者が声をあげていた。各地のワンストップ支援センター誕生の陰にも、自分と同じ思いをして欲しくないという被害当事者の声があった。自身が受けた被害を告発した伊藤詩織さん、そして、彼女の支援に集った人たち。２０１８年春の財務省事務次官セクハラ事件や、続くメディアで働く女性たちのセクハラへの抗議の声。同じ年の夏に、医大入試の性差別問題が発覚した時にも、多くの女性が抗議の声をあげた。性差別や性暴力に抗する声は、確実に広がってきた。性犯罪の無罪判決を受けてフラワーデモが起こったのは、必然だとすら思う。フラワーデモは、当事者たちの声と時間の積み重ねだ。

当事者の声にもまた、時間の積み重ねがあった。フラワーデモで語られる経験は、昨日や今日の話ではないものも多い。子どもの頃の話、何十年も言わずにきた話、繰り返されてきた暴力の話。語られるまでにかかった時間のこと、今語ろうとした理由、その語りに耳を傾けてさらに紡がれる声。

語られなければ、その経験はなかったことにされてしまう。加害者の処罰も、防止のための対策も、被害当事者への支援もとられることなく、暴力が繰り返され、自分と同じ経験をする人たちが出てきてしまう。でも、それは、語らなかったことが問題なのではない。語らせなかったこと、語りを聞いてこなかったことが問題なのだ。問題は被害当事者にではなく、社会の側にある。それなのに、被害の経験を話す口から、反省や責任が語られることがある。若い人たちが今もなお、自分と同じ経験をしていることに、大人としての責任を感じている、と。このくらい大したことはないと思うことでやり過ごしたこと、あのとき被害を申告していれば、何かが違っていたかもしれない――彼女たちは紛れもない被害者なのに、性暴力に甘い社会の一構成員として、責任を負おうとしている。少なからぬ男性たちが、「痴漢冤罪被害」に怯えて、女性を自分を陥れる加害者であるかのようにみなして非難するのとなんと違うことだろう。

わたしの年若い友人の一人は、フラワーデモに行く理由を「行くと元気になれるから」と言った。その場で語られるのは、性被害の話だ。自分も被害経験者なのに、人の話も聞いて辛くならない？　と聞くと、彼女は、フラワーデモに集まっている人たちがいるということ

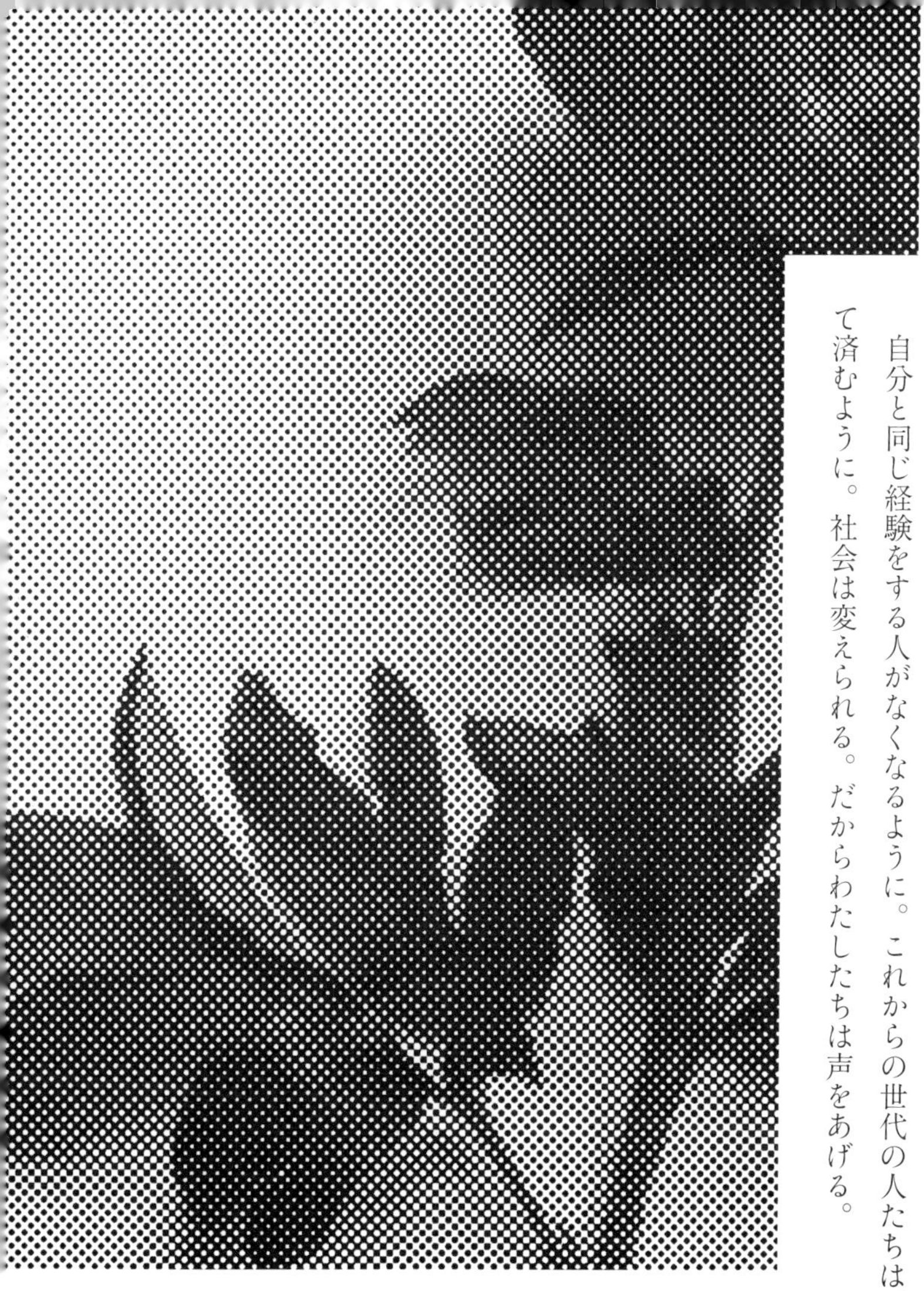

自体に励まされるのだと言った。そして、自分は悪くない、自分の感じていることは間違っていないと、自分を再び信じられるようになったとも言った。#MeToo　#WithYou　はこういうことかとあらためて思う。

自分と同じ経験をする人がなくなるように。これからの世代の人たちは同じ思いをしなくて済むように。社会は変えられる。だからわたしたちは声をあげる。

フラワーデモに加わらなかったあなたへ

小川たまか（ライター／一般社団法人Springスタッフ）

2019年の終わりに、とても話題になった性暴力事件の民事裁判判決があって、敗訴した被告人の男性や弁護士たちが直後に開いた記者会見の中では、こんなことが言われた。

「性被害者は、あんな風に笑わない」

彼らは、「本当に性被害に遭った人」が、自分たちにそのように証言してくれたと言った。

私はすぐに、「性暴力の被害者は笑わない？　そんなわけないでしょう！」（※）という記事を書いた。

被害に遭って笑えなくなる人はいる。でも、普段通りに過ごそうと努めて、笑顔をつくる人もいる。たくさんのサポートを得て回復し、笑いを取り戻す人もいる。性被害者だって多種多様であって当たり前で、「笑わない」とか「人前であんな風に記者会見できるわけない」とか、誰かが断定できると考えることがおかしい。一人の証言を聞いて彼らがそれを鵜呑みにしてしまうこと自体、性被害者が相変わらず自分のそばにはいない稀な人たちと思われていることの証左だ。どこにでも被害者はいるのに。普通に電車に乗って、ファーストフード店やカフェで食事をしたり、犬の散歩をしたり、買い物をしたり、働いたり。普通の日常を過ごしている人の中に、被害者はいるのに。なぜそれを知らないでいられるのだろう。

私も強制わいせつやデートレイプの被害経験を抱えながら取材を続ける当事者だ。被害当事者団体の活動にも参加している。内閣府の2017年調査結果「無理やりに性交などをされた経験のある人の割合」(女性の13人に1人、男性の67人に1人)を出すまでもなく、性被害の当事者がそこら辺を歩いているのは、何も珍しいことではない。

一方でこんな反応もあった。「性暴力の被害者は笑わない」なんて証言をして被告側の肩を持った性被害者は、本当にいたのだろうか? と。そんな被害者がいるなんて、信じられないと。

悲しいことだけれど、私は証言した被害者はおそらく実際にいたのだと思う。私がこれまで出会ってきた被害者の中には、深い孤独を抱えたまま周囲から孤立してしまった当事者が何人もいた。一人や二人ではない。彼女ら彼らは傷ついている。何度も何度も傷ついている。被害に遭ったことだけではない。手を伸ばした先で受け入れられなかったこと、声を上げても無視されたこと、そして自分以外の誰かが先に支援やサポートを受けたことについて。他の誰かがいち早く注目を集めたこと、同情されたことについて。

弱者、マイノリティー、輪から弾き出された人、ほとんどいないことにされている人たち。彼女ら彼らが、もし団結して声を上げられたら美しい。そういう奇跡みたいな瞬間もときにはある。でも、傷つけあって、憎しみをぶつけあって、嫉妬して、離れていくこともある。

〝私だって声を上げたのに。誰も聞いてくれなかったのに。なぜあの人だけが大きく取り上げられて、助けられているのだろう。〟

〝私の方が大変だったのに。頑張ったのに。でも加害者が一般人だったからどこも報じてくれなかった。訴えれば訴えるほど煙たがられて、最後は支援団体からも相手にされなくなった。〟


深夜に電話がかかってくる。メールでいきなり罵倒される。イベントで遠くから睨みつけられる。実際に私にもそんなことが何度かあった。私は何もできなかった。彼女たちの憎しみや孤独を、さらに深めるようなことしかできなかった。支援が、サポートが、当事者を包む層が、私の経験が、器が、知識が、全てが、圧倒的に足りない。


いつかのフラワーデモのとき、ある当事者からこんなメッセージが届いた。

「公道で大声を出すなんて暴力」

「私はそんなやり方を選ばない」

「警察に通報しました」

フラワーデモは道をふさいで大声を出したり、シュプレヒコールを上げたりするような集会ではないですよ、実際に一度見に来てみては？　そう伝えたけれど無駄だった。彼女はとても怒っていた。私はそんな彼女を怖いと思ってしまった。被害が人をおかしくするのではない。無理解や無関心が人を変えてしまう。

あれから数か月経って思う。

やっぱり私はあなたにも、フラワーデモに加わってほしかった。あなたの意思を変えることは私にはできないけれど、社会があなたをそこまで孤立させていなければ、あなたはあの場に立てたのではないか。

あなたはフラワーデモを中止させたかったかもしれない。そう思うあなたにも、あなたの正しさがあったのだと思う。

私は今、あなたを説得できないけれど、いつかあなたとまた一緒に食事をして、一緒に時間を過ごせることがあると信じている。押し寄せた波が必ず引くように、時間が解決してくれることがあると信じる。あなたの傷が癒えることを、あなたのそばに誰かがいてくれることを、あなたが一人ではないことを、あなたが穏やかな朝を迎えられることを、心から願っている。

※「性暴力の被害者は笑えない？　そんなわけないでしょう！」（Yahoo! ニュース個人／2019年12月19日）https://news.yahoo.co.jp/byline/ogawatamaka/20191219-00155566/

花を持って元栓を締めに

長田杏奈（ライター）

「花を持って集まりましょう」と呼びかけられなかったら、デモに参加しないまま一生を終えていたかもしれない。社会や政治に憤りや違和感を覚えることがあっても、デモという行動に結びつけて考えたことが一度もなかった。そういう人間が、2019年4月から全部で6回、東京駅前の行幸通りに花を持って通った。私には、どうしようもなく人に疲れてすり減ったとき植物に助けられた経験が何度となくある。「花を持って集まる」というメッセージは安心

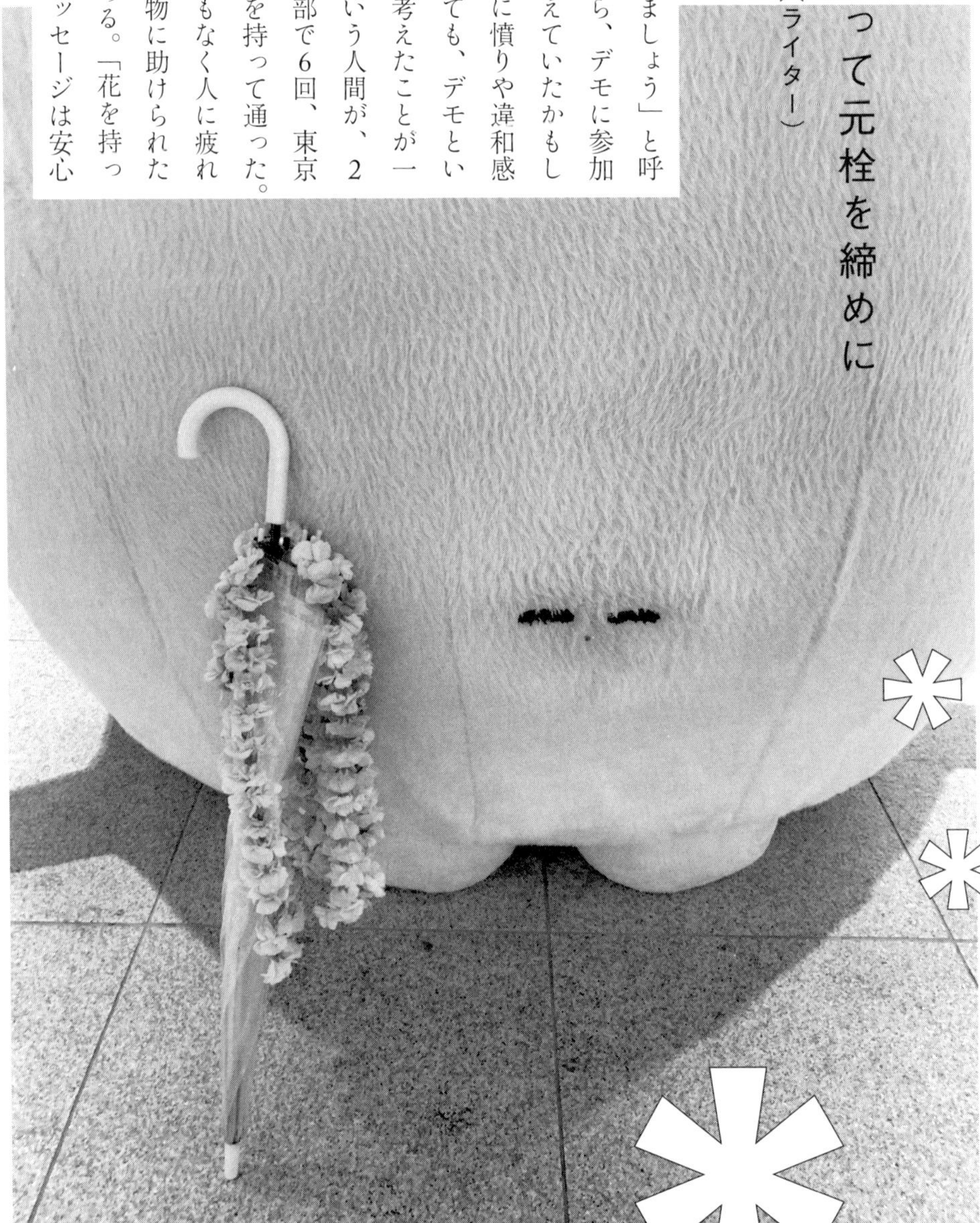

を担保し、「私たちのためのものだ」と受け取る拠り所になった。
　私がこれまでに遭った痴漢やひどいセクハラを年表にまとめたら、かなりのスクロールが必要だ。見知らぬ人、教師、同僚や上司、取引先の人、取材相手、整体やジムで……。無断で体を触り不快な言葉をかける側の振る舞いがバリエーション豊かな一方、私の対処法は長らく①黙って耐えるか流す、②無言で立ち去るという2択に終始した。そういう自分の態度は、女性がパワーを持つ業界に入って少しずつ変わったように思う。女性誌と美容業界という二重の結界に守られ、失礼な異性に遭遇する確率自体が格段に減った。セクハラが当たり前じゃない環境で、初めて反射的に違和感を表明して怒れるようになったし、万が一その場で思うように抵抗できなくても、後からそういう相手には「二度と仕事を発注しない」「けし粒ぐらいのスペースでしか掲載しない」などの制裁手段を取ることができた。
　被害に遭う機会が減ったのと並行して、知らず知らずのうちに楽観と無邪気の入り混じった、〝こうであってほしい〟の繭に包まれていったように思う。この時代この社会で、もうさすがにあんなひどいセクハラは減っているはずだ。性犯罪は現実に即した法体系のもときちんと裁かれているはずだ。被害者はきちんとケアされ守られているはずだ。しか

し2019年の3月、性暴力被害に関する訴訟で無罪判決が続いたとき、私たちを守る城壁があちこち崩れて歪んだ古びたものだったことに気づいた。守られず尊重されず、そのうえ居直られていた。

同じ頃、「She is」というオンラインメディアが主催する会員制のお花見イベントに、アクセサリーブランド「LAMEDALICO」デザイナーの小野桃子氏とのユニット「花鳥風月lab.」名義で出店した。生花でアクセサリーを作って売り、好きな色のリップをタッチアップするサービスもつけた。花かんむりや花びらをたくさん重ねたピアスを身につけて、うれしそうにする女の子たちを見ていたら、日頃の疲れがすべて溶けて流れていくようだった。花もリップもその日限りの儚いものだけれど、その人の存在を祝福して確かなチアアップを届けてくれるものだ。多幸感に包まれたまま寄った中華料理屋で、隣席の女性がセクハラに対応している場面に遭遇する。様子を見ながら恥をかかない程度に繰り出される狡猾な男のジャブ。平和だった女の園から徒歩圏内に、あの①黙って耐え

るか流す、②無言で立ち去るという2択を迫る嫌な空気の世界があった。この空気を次世代に引き継いだらいけない。さっき花で飾ったあの女の子たちが、どこかでこんな目に遭うのは許せない。いったんぺしゃんこになった気持ちは、すぐにもやもやふつふつと膨れ、沸きだした。桃子さんとどちらからともなく、「あの判決、信じられないよね」、「花を持って集まるデモがあるらしいよ、一緒に行こうよ」という話になった。

花鳥風月lab.初めてのデモで、桃子さんはコサージュ、私はハーブのバングルを作って配ることにした。生花の飾りは作り置きができないので、当日は仕事を早めに終え、鉢植えのハーブで土台を作り、庭で丹精したアネモネやバラに保水処理をしてあしらった。頭をしゃっきりとさせるローズマリーやタイムの青臭い香り。かじかむ寒さの中、見知らぬ人と少しの知り合いに、前のめりな「#WithYou」を配って回った。生きた花は、贈る人と受け取る人の気持ちがぴったり揃わずともささやかに仲介し、ひととき命の輝きを身近に添え、あっけなく枯れ朽ちて姿を留めない。この一瞬の確かさと気楽さのバランスを信じて、託す。

毎月11日は、Googleカレンダーに「フラデモ」と登録。柄にグリーンのカーネーションをすだれのようにつけたビニ傘、花屋でいちばん目立った顔より大きいハイドランジア、出先でなんとか買えた駆け込みブーケ、丹精込めて育てた花を持って東京駅前に馳せ参じた。この1年の間に、署名やクラウドファンディングに参加し、院内集会に出かけたり、関連記事や書籍を読んだりして過ごした。今の私にとって、性暴力はもはや「なすすべのない」「黙って看過ごすしかない」問題ではない。今はもう、自分たちの目の黒いうちにきっと元栓を締めることができるはずだと確信している。それが叶った暁には、エトセトラブックスから、性暴力を根絶した女たちの回顧録を出してくれないかな。

フラワーデモ公式サイトに集まったたくさんの「声」の中の一部を掲載します。
ここにすべては掲載できませんが、届いたすべてのメールには目を通しています。
公式サイトは、デモに参加できなくても声をあげられるプラットフォームとして
今後もみなさんの声を発信していきます。

https://www.flowerdemo.org/

VOICES*

声を紡いでいきましょう

あなたの声をきかせてください。
性暴力の司法判決に関して
あなたの意見、また性暴力に関連する
あなたのお考えをお聞かせ下さい。

Please share your voice,
Your opinions on the Judicial System
regarding sexual violence,
Your thoughts on sexual violence

send your voice

VOICES
私たちの声

Read more

きだまり

性暴力やセクハラの判決文などを読むと、被害を受けた方の心情や拒否のために発した言葉、行動に自分との共通点がありすぎてしんどくなります。そして、それが無罪になることで、自分の言動が同じように否定された気持ちになります。でも同時に、私だけが上手く断れないんだと思って自分を責めていたけど、多くの人が同じなのだと気づきました。断りたくても上手くできず、他の人から見たら小さな抵抗で精一杯なことを誰かに分かってほしいと思っています。

ありさ

私は小学生の頃、年上の従兄弟から性的な行為を受けました。寝ていた

私の服の下に手を入れ、胸や性器を何度も触ったのです。それからは恐怖と気持ち悪さで従兄弟ともその家族にも会えなくなりました。幼心に「家族同士がぎくしゃくしてしまう」と感じ、両親にも誰にも打ち明けることは出来ませんでした。あまりに幼かった私は、自分で自分自身を慰めることもできませんでした。今日は7月11日です。花のブローチと服を身につけ、フラワーデモの会場へ向かっていました。しかし従兄弟からの行為がフラッシュバックし、涙が止まらなくなりました。私はフラワーデモに参加する事が出来ません。怖くて怖くてたまらないのです。涙が止まりません。せめてツイッターのハッシュタグでと、花の画像を添付しました。全国には、私の様に参加したくても出来ない人がたくさんいるのではないかと、考えてしまいました。

ふといもやし

実兄からの性的虐待が発覚しても助けてくれなかった両親。それどころか許すことを強要した。兄に脅され両親に許すことを強要され、私は実家と縁を切った。適切な介入があれば私の人生は変わったのだろうか。当時の私は、どこに相談すればいいのか、だれか助けてくれる人がいるのか、全く分からず、途方にくれた。「だれかが守ってくれる」「悪いことは法に則って裁いてくれる」そんな当たり前の権利が守られる、安心感をくれる、そんな社会を心から望みます。我々に権利を。我々の権利を守ってくれようとする各機関にも、権利を。

マト

今回立て続けに性犯罪の不当判決が続き、憤りを感じていた所にフラワーデモを知って、居ても立ってもいられず書き込んでいます。私は実の兄に中学生の時、性的な暴力を受けていました。兄も当時中学生でした。お風呂やトイレを覗かれる事から始まって、就寝中ベッドに入ってきて局部を触られる、難癖をつけられ「罰を与える」という名目のもと裸にされ胸や局部を無茶苦茶に触られる、などされました。大暴れしても止めてくれませんでした。全裸で触られていた時に両親が帰宅し、知るところとなりましたが、兄が怒られる事はありませんでした。父の転勤と兄の進学が重なり、その後半年程で兄と別居。誰にも話せず、何も聞かれず、うやむやに何事もなかったようにされただけでした。私も「そういう年頃の男子だから」「その後はないし」と自分を納得させていました。

その後いつからか父や兄と性行為をする夢を見るようになり、それが現実のような気すらしていました。また、性暴力の事件を知る度過剰に反応し、ネットで調べまくる。朝目が覚めた瞬間から、夜眠りにつくまで、その事を考え続ける。ここでやっと気づきました。「ああ、私傷ついてたんだ」と。ここまで来るのに30年かかりました。

被害に合っていた中学生の時、「この事を言ったら家族の空気が悪くなる」と思って言えませんでした。でも既に私にとっての家族は壊れてたんですよね。私は私以外の家族を守ろうとしていたんです。母は10数年前に亡くなったので、母を責めずに済んだのだけが幸いです。真面目な人だったので、私も兄も守ろうとしたのか、どうすればいいかわからなかったのか。いい母でしたが、守ってくれなかったという恨みはずっと残っています。

親しい友人に話しもしましたが、傷つく発言をされた事で、心から信頼できる人間関係が全くなくなりました。今ものすごく孤独を感じています。私は何か悪い事をしたのでしょうか。私はただ普通の中学生として、ごく普通の家族と暮らしていただけなのに。血の繫がった家族に性的な興味を持たれるなんて、わかってたら生まれてきたくなんてなかった。今後少しでも辛い思いをする人をなくせないか、ただその思いだけでなんとか生きています。

男性性被害者

私は男性性被害者です。中学時代男性教諭からキスをされたり、フェラチオをされたり、させられるという被害に、約2年半の間遭ってきました。加害者は放課後、完全下校時刻が過ぎているにもかかわらず私を学校に残し性暴力を加えてきました。私がそれを嫌がって逃げると、加害者は執拗なまでに私の居場所を突き止め追ってきました。また、学校を休むとすぐに自宅に来て学校に連れ出そうとしました。そして、連れ出された後は必ず性暴力を加えられました。以前相談した方に「なぜ逃げなかったの」と言われました。「逃げればいいじゃない」と。しかし、逃げようとしても未成年者にはお金がないです。また、執拗に付きまとわれた場合、恐怖でまともに物を考えることができないのです。当時の私にあったのは「逃げてもまた付きまとわれる」という恐怖でした。

名古屋での裁判では、自分から服を脱いだ、車に乗ったということを理由として、「抵抗しようとすればできた」とされ無罪判決が下されました。私自身の体験ですが、毎日のように監視され、頻繁に性暴力を受けている場合、加害者に抵抗することは困難です。「これ以上酷い目にあいたくない」と思うのが通常ですし、「逆らったら殺される」とすら思います。私自身そう思ってきました。この判決はそういう被害者心理を全く考慮していません。

被害者は被害が終わった後も精神的に長い間苦しみます。周囲に相談しても、その無理解であったり、場合によっては暴言を吐かれることもあります。一方で加害者は自己の行為を反省もせずのうのうと生きています。これは明らかに不公平です。性暴力の問題は政治的な思想や男女を問わず語られるべきです。被害者は女性だけでなく男性もなりうるのです。社会全ての問題です。

卑劣な性暴力をなくすために、社会全体で立ち上がって欲しいです。

真理子

「君を雇えない。女性は結婚して子供ができると辞めてしまうから」と最終選考に残った会社の社長に悪びれることもなく言われました。10年くらい前の話です。その後勤めた会社では「お前は気が強くて気に入らない」と無視をする社員がいたり、「女だろ、場を盛り上げろよ」「女は穴さえついていればいいんだ」「女の労働は家族を背負ってないから責任感がない」などと言われながら働いていました。

一緒に働いていた同期も妊娠を機にクビになりました。5年くらい前の話です。

仕事自体は本当に楽しかったので自営業となりましたが、そこでも「旦那さんの仕事を手伝っているの？」「結婚しているの？」「どうして子供を産まないの？」と言われ、独身であることを告げるとおかしな電話をかけてきて怖がらせてくる男性がいます。

今起こっている話です。

みい

私はDV被害者です。交際・結婚約22年の生活の中で主にモラハラを受けていました。離婚する直前の数ヶ月、不本意なセックスを強要されていました。今思えば、普段の生活の中でも仕方なく同意したことも数回ありました。離婚を決意してから色々と緊急事態に備えながら慎重に離婚準備を進めました。結果的に安全に離婚ができました。不要な緊張から解かれ、子供達と楽しく暮らせる希望に安堵していました。

そんな中、元夫におかされる夢を見ました。とても驚きました。まさか夢を見るほど辛いことだったと自覚が無かったからです。それを機にPTSDの諸症状は溢れるように出てきました。見た目では分からない不調、他人に話せない事柄、話しても理解されづらいこと……無理解のために無駄に傷つくこともしばしば……被害者なのに、なおさら傷ついていく私たち……被害者なのに、染みついてる自責、自己否定、自己嫌悪……少しでも、今よりちょっとでも、世の中が理解してくれればと願う毎日です。

ひかり

高校生／女です。私は地方に住んでおり、諸々の事情でフラワーデモにまだ参加できずにいますが、性暴力に対する世間の理解の低さや判決に腹を立てて生きています。性的な暴力を振るわれる、振るわれそうになる怖さをもっと色んな人に想像してもらいたいです。性暴力にも種類がたくさんあります。わたしは親戚に下着の中に手を入れられたことがあります。家族に相談したら悲しませてしまうと思うのでできません。仲の良い男子の友達に愚痴をこぼすように話したら、後日面白い話のネタのように使われてしまいました。人が怖い思いをすることへの想像力が足りないと感じることが多いです。最近の性暴力への司法判決の件についても同じです。「○○という理由があるから無罪になった」ということをネットに書いている人がいました。それなら、誰かを苦しめ続けた誰かがきちんと裁かれるように「○○」の部分を変えていかなくてはいけないと思います。私たちが考えることを心ない言葉で中傷する人がいますが、私は負けたくないです。性暴力も差別も誰かがレイプされた事実も確実にあります。それに無関心な人、それをなかったことにする人が多すぎます。性暴力によって一生苦しみ続ける人が少しでも減ることを心から願います。

There's
#NoExcuse
for sexual assault

staff

表紙デザイン　福岡南央子（woolen）
本文デザイン・組版　水上英子
公式サイトデザイン　梶田民穂
編集　松尾亜紀子、竹花帯子
校正　株式会社円水社
表紙写真提供　南檸檬
本文写真提供　全国フラワーデモ主催者

＊＊＊

この本の利益はすべて、
今後のフラワーデモおよび、
被害当事者団体・一般社団法人Springの
活動費に充てられます。

©Fumiko Oshima

2020年4月11日　初版発行

編　者　フラワーデモ

発行者　松尾亜紀子
発行所　株式会社エトセトラブックス
151-0053　東京都渋谷区代々木1-38-8-47
TEL：03-6300-0884　FAX：03-6300-0885
http://etcbooks.co.jp/

印刷・製本　モリモト印刷株式会社

Printed in Japan
ISBN 978-4-909910-05-9